dtv

Sandra Winkler ist freie Journalistin und Buchautorin und lebt in Berlin. Ihre Texte sind u. a. in ›Welt am Sonntag‹, ›Nido‹, ›Barbara‹ und ›SZ-Magazin‹ erschienen. Wie alle Eltern wundert sie sich über ihre Kinder: Warum liebt die eine Tochter ihr Kuscheltier wie ein Familienmitglied? Und warum ekelt sich die andere vor Brokkoli, findet aber nässende Wunden toll? Mithilfe von Experten hat sie Antworten gefunden.

Isabel Klett ist Grafikdesignerin und Illustratorin. Ihre Arbeiten sind in zahlreichen Büchern sowie in internationalen Zeitungen und Zeitschriften erschienen. Sie lebt mit ihrem Mann und ihren zwei Kindern in Barcelona.

Sandra Winkler

Das KINDER VERSTEHBUCH

Alles über Schnullerwerfer, Gemüseverweigerer und Matratzenhüpfer

mit Illustrationen von Isabel Klett

dtv

Ausführliche Informationen über
unsere Autoren und Bücher
www.dtv.de

MIX
Papier aus verantwortungsvollen Quellen
FSC® C083411

Originalausgabe 2020

Idee: Heike Faller
Redaktion: Dr. Angelika Winnen
Umschlaggestaltung: semper smile, München,
unter Verwendung einer Illustration von Isabel Klett
Layout und Satz: Guter Punkt | Agentur
für Gestaltung, München
Gesetzt aus der Serifa
Druck und Bindung: CPI books GmbH, Leck
Printed in Germany · ISBN 978-3-423-28225-3

Warum …

… lieben Kinder Kuscheltiere abgöttisch? 8

… werfen Kinder Bauklotztürme um, immer und immer wieder? 18

… haben Babys ganz plötzlich Angst vor Fremden? 24

… wollen Kinder ständig gekitzelt werden? 32

… muss auf Matratzen immer erst einmal gehüpft werden? 40

… haben Kinder Angst vor Monstern unter ihrem Bett? 46

… essen Kinder immer das Gleiche? 54

… machen Kinder einem alles nach? 62

… sind Jungen so wild? 70

… schmeißen Kinder alles runter? 78

… steckt in kleinen Kindern so viel Wut? 86

… sind Kinder so gut im Memory? 96

… lieben Kinder Reime? 102

… spucken Kinder beim Autofahren? 110

… schreien Babys immer zur gleichen Zeit am Abend? 118

… sind Kinder von Verletzungen fasziniert? 128

… popeln Kinder ungehemmt? 136

… sind Geschwister meist so verschieden? 142

… lieben Kinder Sand? 150

… haben Mädchen die rosa Phase? 152

… lieben alle Jungs Bob den Baumeister? 158

… sind Kinder so versessen auf Süßigkeiten? 168

… können kleine Kinder keine Geheimnisse für sich behalten? 174

… haben Kinder ständig Langeweile? 314

… drücken Kinder so gern Knöpfe? 188

… trödeln Kinder immer so? 194

… schlafen Kinder so schlecht ein und dann nicht durch? 202

… quälen Kinder Tiere? 210

… verkleiden Kinder sich ständig? 218

… schaukeln Kinder so gern und unermüdlich? 228

… heißt es irgendwann Jungs gegen Mädchen? 236

… schlafen Kinder quer im Bett? 244

… fragen Kinder so viel nach dem Tod? 250

… sammeln Kinder alles? 258

… streiten Geschwister sich andauernd? 264

… pinkeln Babys immer auf dem Wickeltisch? 274

… können kleine Kinder nicht teilen? 280

… verstecken Kinder sich so gern – und sind trotzdem so verdammt schlecht darin? 286

… pflücken Kinder Blumen? 292

… machen Kinder so oft nicht das, was man ihnen sagt? 298

Die Expertenrunde 304

Literaturverzeichnis 308

Dank 318

Warum lieben Kinder Kuscheltiere abgöttisch?

Die Maschine, die den Kindern im Labor vorgeführt wird, sieht hochwissenschaftlich aus: zwei Boxen mit Knöpfen, Schaltern, Lichtern. In einer liegt ein grüner Holzblock. Ein anwesender Forscher schließt die Deckel beider Boxen, lässt Lichter blinken, ein Signal ertönen. Und dann liegt plötzlich in der zweiten Box ebenfalls ein grüner Holzblock. Was die Kinder nicht wissen: Durch die Forscherhand ist er dorthin gelangt.

Nein, Kindern sollte man nichts vormachen. Aber hier, an der University of Bristol, geschah es im Namen der Wissenschaft. Den Jungs und Mädchen, alle zwischen drei und sechs Jahren, musste für einen Versuch weisgemacht werden, dass vor ihnen ein Gerät steht, das von jedem x-beliebigen Gegenstand mal eben schnell eine identische Kopie anfertigen kann. In diesem Glauben durften die Kinder dann das Gerät selber ausprobieren. Dafür hatten sie Spielzeuge mitgebracht. Viele auch ihr liebstes Kuscheltier oder Kuscheltuch – eines, an dem ihr Herz hing, mit dem sie regelmäßig schliefen und das sie schon länger als ein Drittel ihres Lebens besaßen. Ihre Spielsachen kopieren zu lassen, fiel den meisten Kindern nicht schwer. Und fast alle wollten danach lieber die nigelnagelneue Version mit nach

Hause nehmen. Warum auch nicht? Anders sah es allerdings bei den Kuscheltieren und -tüchern aus. Zunächst einmal weigerte sich ein Viertel der Kinder vehement, überhaupt ein Duplikat von ihnen anfertigen zu lassen. Die anderen konnte man zwar überreden, doch sie bereuten es sofort – und fast alle wollten unbedingt das Original zurück, nicht die vermeintliche Kopie. Die Angst war anscheinend groß, dass beim Kopieren des Lieblings etwas ganz Besonderes verloren gehen könnte, eine Art magische Essenz.

Viele Kinder lieben ihren Teddy, Schnuffel, Puschel so innig, als wäre sein Herz nicht bloß aus Stoff und Füllmaterial. Sie schlafen mit ihm, tragen ihn herum, umsorgen ihn, sprechen mit ihm, weinen in ihn hinein und vertrauen ihm Geheimnisse an, von denen nicht einmal Mama und Papa etwas wissen dürfen. Als Erwachsener hat man da manchmal das Gefühl, diese Zuneigung gehe fast schon ein wenig zu weit: Wenn zum Beispiel der Stoffaffe plötzlich eine eigene Stimme im Familienrat bekommt (»Bono möchte jetzt auf den Spielplatz gehen«), der wattierte Hase bestimmt, was es zu essen gibt (»Löffel und ich mögen nun mal keine Karotten«), oder der Plüschtiger einem auf der Couch den Platz streitig macht (»Weg da, hier sitzt doch Schnurr!«).

Auch die Liebe meiner Tochter zu ihren Kuscheltieren finde ich beizeiten etwas – nun ja – befremdlich. Zu ihrem zweiten Geburtstag bekam sie einen Stoffhund. Viele Kinder besitzen dieses Modell, es stammt von einem großen schwedischen Möbelhaus. Wauwau avancierte schnell zum absoluten Liebling. Und weil wir gelesen hatten, dass Eltern fürs Kind am besten einen Ersatz parat haben sollten, falls der Liebling in die Waschmaschine muss oder verloren geht, kauften wir, als wir mal wieder im Möbelhaus waren, einen weiteren Hund – und noch einen und noch einen. Wir versteckten sie für den Fall der Fälle im Schrank. Wo sie meine Tochter irgendwann fand. Nun schläft sie mit einer ganzen Hundefamilie im Bett. Jeder und jede hat einen Namen (Wauwau,

Wauwina, Wuffi, Wuffa, Bello, Bella), trägt ein aus Wollfäden selbst geflochtenes Halsband und wird mit Liebe und Dankbarkeit überschüttet. Denn: »Meine Hunde beschützen mich. Wenn sie da sind, ist alles gut«, erklärt meine Tochter. »Sie sehen zwar süß aus, werden aber zu Karate-Monstern, wenn ein Räuber kommt.« Und natürlich lebten sie. Das dürften sie nur nicht zeigen. Das fand ich ja ganz niedlich. Bis meine Tochter eines Abends im Bett lag, umringt von ihren Tieren, und ganz aufgelöst war. Sie weinte. Ich fragte, was los sei. »Ich kann mich nicht entscheiden«, schluchzte sie. »Wenn heute Nacht ein Feuer ausbricht, was soll ich dann tun: zuerst euch retten oder die Hunde?« Was für eine Frage. Als ob diese mit Polyester gefüllten Teile genauso wichtig wären wie wir. Als ob sie uns ersetzen könnten.

Doch tatsächlich ist genau das ihre Aufgabe. Der erste Wissenschaftler, der sich ernsthaft mit Kuscheltieren beschäftigte, war der englische Kinderarzt und Psychoanalytiker Donald Winnicott. Mitte des 20. Jahrhunderts prägte er den Begriff »Übergangsobjekte«. Bilden Mutter und Säugling nach der Geburt zunächst eine Einheit, kommt irgendwann der Zeitpunkt, an dem das Kind sich lösen muss. Kuscheltiere sind ein vom Kind gewählter vorübergehender Ersatz für die Bezugs-

person, die dann nicht mehr immer verfügbar ist – weil sie vielleicht eine Mail verschicken muss oder nur mal allein auf die Toilette gehen möchte. Mama oder Papa können nicht immer Händchen halten, dann ist es gut, wenn der Stoffbär seine Pfote reicht. Mit seinem Kuscheltier hat das Kind eine Strategie gefunden, das Alleinsein erträglicher zu machen. Es hilft aber auch bei anderen Herausforderungen – zum Beispiel wenn man als Kind plötzlich in einem eigenen Bett schlafen soll oder in den Kindergarten kommt. Und mit jedem Erlebnis, das man gemeinsam meistert, wächst die Bedeutung des flauschigen Gefährten. Genau

so wie bei realen Freunden: Mannomann, was wir schon alles durchgemacht haben!

Zum Übergangsobjekt bauen Kinder zum ersten Mal in ihrem Leben eigenständig eine Beziehung auf – und das bereits im ersten Lebensjahr. Wer oder was geliebt wird, ist dann zunächst austauschbar und beliebig. Dann wird die Sache konkreter, wobei der Favorit in den ersten zwei, drei Lebensjahren noch wechseln kann. Zwischen dem zweiten und sechsten Lebensjahr haben die meisten Kinder ihr ganz spezielles Kuscheltier. Es kann auch eine Puppe sein, ein Tuch – wie Linus von den Peanuts es hinter sich herzieht – oder ein Spielzeug. Es soll Kinder geben, die sich nachts an einen Kipplaster kuscheln oder ihren geliebten Eierlöffel bei sich tragen. Daumenlutschen oder imaginäre Freunde haben übrigens eine ähnliche Funktion.

Vielleicht überlegen Sie nun: »Hm, mein Kind hat nichts von alledem. Warum wohl?« Wahrscheinlich weil es einfach keinen besonderen Beschützer, Einschlafhelfer, Seelentröster, Unterstützer, Kummerkasten, Angstnehmer braucht. Jeder Mensch hat schließlich ein unterschiedlich großes Bedürfnis nach Geborgenheit, nach Nähe und nach Beziehung. Und vielleicht ist Ihr Kind, obwohl so klein, recht autonom und selbstständig.

Wobei ein Kuscheltier eigentlich nie schaden kann. Es ist nämlich außerdem Entwicklungshelfer in viele Richtungen. Zum Beispiel ermöglicht es dem Kind, Erlebnisse besser zu verarbeiten. Und im Leben eines Kindes gibt es schließlich so einiges zu reflektieren und zu bewältigen. In Rollenspielen geht Hasi deshalb noch einmal stellvertretend zum Arzt, Bobo streitet sich mit einem Kindergartenfreund oder Affi durchleidet eine Haarwäsche. Stürzt das Kind vom Sofa und schlägt sich den Kopf an, muss danach wahrscheinlich Teddy von der Couch fliegen. Er weint, wird getröstet, seine Beule muss gekühlt und geküsst werden. In imaginären Kuscheltier-Dialogen können Kinder Gefühle aussprechen, Gedanken ordnen, Wünsche formulieren: »Sag mal, Schnuffel, möchtest du auch so gern wie ich eine kleine Schwester?« Oder: »War das nicht gemein, was der Junge zu mir gesagt hat?« Wer dabei mal heimlich mithört, wird einiges über sein Kind erfahren. Wird der Teddy umsorgt, gehegt und gepflegt, gefüttert, liebevoll zugedeckt und auf Ausflüge mitgenommen, fördert das Verantwortungsgefühl, Empathie und Fürsorge. Mit ihm kann man darüber hinaus hervorragend Grenzen austesten: Mal sehen, was passiert, wenn Teddy »Arschloch« sagt. Da wird Mama bestimmt ordentlich mit ihm schimpfen. Kinder lieben Bestätigung.

Meist sind Kuscheltiere etwa bis zum sechsten Lebensjahr von Bedeutung, dann verlieren sie ihre Magie. Das Übergangsobjekt wird nur noch in Notfällen hervorgeholt. Aber selbst wenn ein Kind seinen Gefährten länger abgöttisch liebt, ist das auch in Ordnung. Solange es mit anderen Spielsachen und Freunden spielt – und bei einem Feuer bitte zuerst die Familie rettet.

Warum werfen Kinder Bauklotztürme um, immer und immer wieder?

Man tut, was man kann. Im Alter von ein bis zwei Jahren ist das noch nicht viel. Gemessen in gestapelten Bauklötzen, schafft es ein 15 bis 18 Monate altes Kind aus zwei, drei Klötzen einen Turm zu bauen. Mit 20 Monaten kann es vier Klötze aufeinandersetzen, mit 24 Monaten acht. Entwicklungsexperten haben da ziemlich genaue Vorstellungen.

Bevor Babys zu Hochstaplern werden, dauert es also. Und da Umschmeißen leichter ist als Aufbauen, spielen sie so lange Abrissbirne. Fragt man eine Einjährige, »Wollen wir etwas Schönes bauen?«, schreit sie zwar »Jaaa!« – aber eigentlich will sie gar nichts Schönes bauen, sondern etwas, das man schön umwerfen kann.

Als Eltern stapelt man trotzdem los. Der Turm steht, Baby-Godzilla kommt und schlägt zu. Die Klötze purzeln, es kracht. »Umdefalle!« Das Kind ist begeistert von seiner eigenen Kraft und fasziniert, dass der Turm jedes Mal ein wenig anders einstürzt. Wahnsinn, wie laut das wieder war und wo die Bauklötze überallhin geflogen sind!

Für uns Erwachsene mag dieses kleine Spektakel auf unserem Fußboden nicht ganz so aufregend sein. Aber vielleicht können diejenigen die Begeisterung ihres Kindes nachempfinden, die zum Beispiel schon einmal eine Gebäudesprengung gesehen haben, bei der die Masse gejubelt hat wie bei einem Feuerwerk. Oder die, die – wie ich früher – stundenlang den ›Domino Day‹ im Fernsehen verfolgen mussten, weil sie nicht abschalten konnten, bis der letzte Stein gefallen war.

Das Kind denkt nach dem Turmfall also: Das war toll – noch mal! Mama oder Papa krabbeln bereits auf allen vieren durchs Zimmer, um die Klötze aufzusammeln und von vorn mit dem Bau zu beginnen. An die ständige Repetition im Dienste der Nachwuchsförderung hat man sich als Eltern ja irgendwann gewöhnt: immer wieder Dinge aufheben, immer wieder das entlaufene Kind zurückholen, immer wieder das Gleiche sagen.

Beim Bauklötzestapeln hat das permanente Wiederholen folgenden positiven Nebeneffekt: Wer für sein Kind einen Turm aufbaut, baut auch eine Beziehung auf. Du stapelst, ich werfe um, du stapelst, ich werfe um – ist eine der ersten Formen des Zusammenspiels.

Das klingt nach einer Menge sinnvollem Spaß. Und das kann es auch sein, ist es aber nicht immer. Denn es gibt überraschend häufig noch einen anderen Grund für die Turmstürze. Wenn am Kinderspital in Zürich die Entwicklung der feinmotorischen Fähigkeiten mithilfe von Klötzen untersucht wird, bauen Mama oder Papa ihrem Nachwuchs die Türme oft vor – Schau mal, so geht das! – und wollen, dass er es ihnen gleichtut. Auch wenn er es eigentlich noch gar nicht kann. Das Resultat: Die Kinder sind überfordert und schmeißen den Turm nicht aus Lust, sondern aus Frust um. Ähnlich rebellisch erlebt man sie auch zu Hause, wenn ältere Geschwister bereits besser bauen können als sie. Zack, umgehauen! Ein Schlag gegen die Rivalen.

Eltern sollten ihre Kinder nicht drängeln. Nur weil ein Kind 15 Monate alt ist, muss es nicht zwei Bauklötze stapeln können. Bei manchen dauert es einfach länger, bis ein Turm zustande kommt. Wenn Eltern sich an etwas orientieren wollen, dann nicht an den Zeitangaben zu den einzelnen Entwicklungsschritten, sondern besser an ihrer Reihenfolge. Die ist nämlich immer gleich, weil sich bei allen Kindern das Gehirn auf eine ähnliche Weise entwickelt, und geht so: Um den ersten Geburtstag herum beginnen kindliche Bauarbeiten mit einer großen Vorliebe für das Ein- und Ausräumen von Behältern. Was steckt denn da drin? Wie kann man es rausholen? Wie wieder reinstecken?

Bücherregale und Sockenschubladen werden geleert, Töpfe und Schalen ineinandergestellt, der Teddy in eine Dose gequetscht oder vielleicht mal ein paar Hausschuhe in der Toilettenschüssel versenkt. Erst danach geht das Stapeln los: zunächst vertikal (Türme), dann horizontal (Züge und Straßen), später vertikal und horizontal (Treppen). Man kann sich also merken, was der Kinderarzt Remo Largo dazu aufschrieb: »Kein Kind baut Türme, wenn es sich nicht vorher mit Behältern und deren Inhalt beschäftigt hat, oder fügt Würfel zu einem Zug zusammen, ohne vorher Türme gebaut zu haben.«

Sind Kinder schließlich imstande, ihre eigenen Türme zu errichten, geben sie sich nicht mit mittelhohen Exemplaren zufrieden. Sie wollen immer das Maximum. Mit einer unglaublichen Beharrlichkeit probieren sie aus, was geht. Sie wollen den Burj Khalifa unter den Bauklotzstapeln. Mindestens. Alles andere wäre doch Babykram.

Warum haben Babys ganz plötzlich Angst vor Fremden?

Gerade Eltern von winzigen Babys meinen, den Menschen in ihrer Umgebung beweisen zu müssen, dass sie alles im Griff haben: sich, das neue Leben zwischen Windeleimern und Spucktüchern – und auch ihr Kind, das natürlich so unkompliziert und strahlefreundlich ist wie Florian Silbereisen bei den ›Festen der Volksmusik‹. Zum Glück all dieser Eltern sind die meisten Babys in den ersten Lebensmonaten mit ihrem Lächeln sehr freizügig. Bei jedem Duziduzidu der Nachbarin strahlen und glucksen sie, für einmal Guck-Guck vom Paketboten quieken sie vor Freude. Es sind Wonneproppen, von denen jeder bekommt, was er sich wünscht. Die Kleinen betreiben noch keinen Personenkult.

Doch von einem Tag auf den anderen ist plötzlich Schluss mit lustig. Sobald sich jemand, der nicht Mama, Papa, Bruder oder Schwester ist, dem Baby nähert, klebt es wie ein feucht gewordener Bonbon an einem Elternteil. Dabei starrt es das fremde Gegenüber angstvoll an, dicke Wolken ziehen im Gesicht des einstigen Sonnenscheins auf, ein Schauer an Tränen bricht los. Das Baby fremdelt.

Eine schwierige Phase fürs Kind – und für die Eltern. Jeder Besuch von oder bei Freunden wird zum Spießrutenlauf. Schließlich mag niemand

Babysirenen, die jedes Mal losgehen, sobald man ihnen zu nahe kommt. In Cafés sitzen Mütter, wenn sie mal austreten müssen, jetzt ungelenk mit dem Kind auf dem Schoß auf der Toilette. Es einfach einer Freundin auf den Arm zu drücken: »Hier, halt mal!«, während man kurz Pipi macht, das war vielleicht gestern noch möglich, heute: undenkbar. Das ist blöd, aber nur halb so schlimm im Vergleich zu dem Moment, in dem das Kind zum ersten Mal eine Panikattacke bekommt, weil die eigene Oma es anlächelt. Dann hat man ein echtes Problem – und Erklärungsnot: »Oh nein, du bist nicht der Grund. Es liegt bestimmt an deiner Brille, an deinem Parfüm«, versucht man die gekränkte Großmutter zu beschwichtigen.

Tatsächlich fremdelt das Baby einfach. Und das macht jedes Kind irgendwann. Wirklich: jedes. Die Abneigung Fremden gegenüber (oder Verwandten, die es nur selten sieht) ist ein ganz normaler Entwicklungsschritt, der fast immer in der zweiten Hälfte des ersten Lebensjahres stattfindet, meistens, wenn das Kind acht oder neun Monate alt ist. In dieser Zeit entwickelt sich im Gehirn der Hippocampus und das früheste Gedächtnis entsteht. Babys gelingt es nun erstmals, ihnen bekannte und unbekannte Menschen voneinander zu unterscheiden. Ihnen wird bewusst: »Hm, diese Person habe ich noch nicht so oft gesehen.« Etwas ist anders, als das Baby es gewohnt ist. Das sorgt für Unbehagen und den Wunsch nach Flucht. Weg von dem Fremden – hin zu Mama oder Papa.

An denen hängt das Baby eh gerade besonders, nicht nur, weil es Angst vor »den anderen« hat. Durch sein neu erworbenes Gedächtnis erlebt es zugleich zum ersten Mal Trennungsangst. Tatsächlich können Kinder vorher Personen oder Dinge nicht bewusst vermissen. Wer oder was aus dem Blickfeld verschwindet, ist für sie bis zum Alter von etwa acht Monaten kurzerhand nicht mehr existent. Stellt man ihnen in Versuchen zum Beispiel einen Teddy vor die Nase und hält dann ein Stück Pappe davor, fangen sie nicht an, danach zu suchen. Das Gleiche gilt für Mama und Papa, wenn sie den Raum verlassen. Quasi aus den Augen, aus dem Sinn. Und solange sich jemand anderes um Essen, Wickeln, Rumtragen, Streicheln kümmert, gibt es wenig Grund zur Klage. Das Urvertrauen des Kindes – jemand ist da und kümmert sich – nimmt keinen Schaden.

Aufgrund von größerer geistiger Reife beginnen die Kleinen allerdings irgendwann, zwischen Personen zu unterscheiden. Sie weinen, wenn Mama oder Papa sie verlassen. Der sogenannte

Trennungsprotest. Und sie weinen wieder, wenn Mama oder Papa zurückkommen – aus Erleichterung und weil ihnen einfällt, wie traurig sie darüber waren, dass man sie verlassen hat. Es beginnt also diese nervige Zeit, in der man mit Tränen in den Augen und schlechtem Gewissen aus der Kita stolpert, weil man sein schreiendes Kind beim Erzieher zurücklässt. Vielleicht hilft es dann, zu wissen: Das Weinen ist ein gutes Zeichen. Denn nur Kinder, die sich der Liebe ihrer Bezugsperson gewiss sind (man nennt es »sicher gebunden«), zeigen ihre Gefühle deutlich. Am besten nehmen Sie das Geschrei Ihres Kindes als eine Art Auszeichnung für ihre gelungene Beziehungsarbeit.

Wie heftig das Fremdeln und Vermissen ausfällt, hängt zum einen vom Temperament des Kindes ab. Manche verziehen nur leicht die Mundwinkel, andere bekommen ständig einen hysterischen Anfall. Zum anderen scheint der Umstand, wie gesellig ein Baby seine ersten Lebensmonate verbracht hat, eine Rolle zu spielen. Werden Babys von Anfang an von verschiedenen Personen betreut, haben sie tatsächlich kaum Angst vor Fremden. Und auch Kinder, die in einer Großfamilie aufwachsen, fremdeln anscheinend weniger stark. Aber sie fremdeln.

Und das ist wichtig. Denn die Angst vor Fremden ist auch ein Schutzmechanismus. Jemand, der gerade erst gelernt hat, die Welt rollend, robbend oder auf eigenen Knien zu erkunden, und von Neugier getrieben ist, braucht eine eingebaute Bremse, die ihn davon abhält, übermütig zu werden. Sonst gerät er womöglich noch auf den falschen Schoß und in die falschen Hände. Fremd kann ja nun mal gefährlich sein.

Babys schätzen dabei das Gefahrenpotenzial ihrer Mitmenschen unterschiedlich ein: Männer machen ihnen mehr Angst als Frauen, Bärtige mehr als Rasierte und Erwachsene mehr als Kinder oder Kleinwüchsige. Für die Wahl des neuen Babysitters bedeutet das also: »Suche kleine Frau ohne Damenbart.« Diskriminierend, irgendwie. Aber aus evolutionspsychologischer Sicht gibt es durchaus Erklärungen für die gezielte Abneigung gegen große Männer. Eine ist die evolutionär begründete Angst vor Infantizid. Kindstötungen kommen bei fast allen Primaten vor. Übernimmt ein Männchen eine fremde Gruppe, bringt es häufig erst einmal die Kinder der Konkurrenten um. Warum sollte man fremde Gene verbreiten? Außerdem bekommen Weibchen, nachdem das zu stillende Kind weg ist, schneller wieder einen Eisprung und können von dem neuen Männchen begattet werden.

Fremdeln kann man dem Baby übrigens nicht abgewöhnen. Selbst wenn manche Eltern meinen, ihre Babys mit einer Art Konfrontationstherapie heilen zu müssen: »Der Onkel ist ein ganz Netter, der tut dir nichts.« Man muss abwarten und in dieser Zeit den Sicherheitsabstand des Kindes respektieren. Am besten nimmt der Angefremdelte ein besonders interessantes Spielzeug in die Hand und macht erst einmal gar nichts. In der Regel siegen Neugier und Abenteuerlust. Das Baby kommt irgendwann von selbst an. Und keine Sorge: Nach ein paar Wochen oder Monaten ist der Spuk eh wieder vorbei. Das Fremdeln lässt langsam nach. Spätestens bis zum dritten Lebensjahr verschwindet es ganz. Bis dahin sollte man sein schreiendes, heulendes, kritisch dreinschauendes Kind nicht mit Scham, sondern mit Stolz herumtragen. Es macht schließlich alles genau richtig.

Warum wollen Kinder ständig gekitzelt werden?

Als ich noch keine Kinder hatte, erzählte mir ein Vater, sein Sohn wolle andauernd gekitzelt werden. Andauernd! Und lange. Am liebsten endlos. Der Kleine bettelte: »Papa, bitte hör nicht auf. Auch wenn ich ›Stopp!‹ schreie. Hör nicht auf!« Damals kamen mir dieser Vater und sein Sohn sehr seltsam vor.

Heute haben meine Töchter das Codewort »Dornenkranz«. Ich weiß nicht, wo sie das Wort aufgeschnappt haben, sie wachsen in einem unreligiösen Umfeld auf. Aber sagen sie »Dornenkranz«, dann muss ihr Vater aufhören, sie mit dem Kitzelfinger zu bearbeiten. Ich bin kein Fan des Kitzelns. Weder kitzele ich gern, noch mag ich es, gekitzelt zu werden. Ich bin also raus bei dem Spiel. Trotzdem bittet meine kleine Tochter, die Fünfjährige, mich manchmal: »Kannst du mich kitzeln?« »Aber warum nur?«, habe ich sie einmal gefragt. »Das fühlt sich so gut an und Lachen macht Spaß. Wenn ich lachen muss, lachen alle mit«, meinte sie.

Tatsächlich sieht es sehr komisch und süß aus, wenn sie gekitzelt wird. Und es klingt auch lustig. Ein bisschen Kille-kille, und sie lacht wie ein Monster aus der ›Muppet Show‹. Aus dem offenen Mund kommen tiefe Hahahas. Sie zuckt, rollt auf dem Boden herum, schlägt und tritt wild um sich, bis sie erschöpft um Gnade winselt: »Dornenkranz!«

Beim Kitzeln werden durch bestimmte Berührungsreize Reflexe ausgelöst, die krampfartige Zuckungen hervorrufen. Selbst wer es mag, tut alles, um der Attacke zu entkommen, lacht aber paradoxerweise bei der spielerischen Quälerei. Vom Quälen darf man hier sprechen, denn im Mittelalter soll Kitzeln als Foltermethode und grausame Strafe beliebt gewesen sein. Wie nah Lachen und Leiden beieinanderliegen, wenn jemand mit krabbeligen Fingern bearbeitet wird, hat die amerikanische Psychologin Christine Harris untersucht: Sie fotografierte Gesichtsausdrücke mehrerer Personen in verschiedenen Situationen: Einmal erzählte ihnen ein Comedian Witze, das andere Mal wurden sie gekitzelt und zum Schluss steckten ihre Hände in so kaltem Eiswasser, dass es wehtat. Glücklich wirkten die Personen nur auf den Fotos beim Witze-Hören. Die anderen beiden Gesichtsausdrücke zeigten auffallende Ähnlichkeit. Jemand, der Schmerzen hat, sieht demnach aus wie jemand, der gekitzelt wird.

Meine Tochter nimmt den quälenden Teil gern in Kauf. »Das macht doch nichts«, sagt sie. Das Hin und Her zwischen »Hör auf!« und »Bitte mach weiter!« scheint für sie sogar den Reiz an der Sache auszumachen. Kitzeln ist nicht einfach nur schön, sondern auch aufregend, spontan, spielerisch, übermütig, ausgelassen. Und wahnsinnig intensiv.

Als Kind gefiel mir das ebenfalls. Mein Vater, mein Bruder und ich haben uns auf dem Sofa richtige Kitzelkämpfe geliefert. Heute sind mir der Kontrollverlust und die Hemmungslosigkeit dabei unangenehm. So traurig es klingt: Ich bin zu erwachsen dafür.

Dabei ist es immer etwas Besonderes, gekitzelt zu werden, weil wir es nicht allein tun können. Versuchen wir es, erkennt das Kleinhirn sofort, dass wir es selbst sind, und gibt Entwarnung: Nur ruhig, das bist doch nur du. Und nicht etwa eine haarige Spinne oder ein stechendes Insekt, die abgeschüttelt werden müssen.

Christine Harris, die Psychologin, die gekitzelte Menschen fotografierte, vermutet in den Abwehrreaktionen und den unangenehmen Gefühlen eine evolutionär wichtige Funktion. Früher, so meint sie, könnte unsere Kitzligkeit ein Schutzreflex gewesen sein. Besonders kitzelig sind wir nämlich zum Beispiel an den Rippen und der Taille, worunter wichtige Organe liegen. Die ebenfalls kitzeligen Fußsohlen brauchen wir zum Weglaufen. Wahrscheinlich mussten wir also lernen, diese Körperstellen besonders schnell und gut gegen menschliche und tierische Angreifer zu verteidigen.

Und das unweigerliche Lachen? Es führte vielleicht dazu, dass die kitzelnden Trainingspartner in der Gruppe motiviert waren, weiterzumachen. Der Gekitzelte lacht ja so schön. Das würde auch erklären, warum Kinder grundsätzlich kitzeliger sind als Erwachsene. Sie müssen ihren Schutzreflex ja noch trainieren, sprich: viel gekitzelt werden.

Was bei einer Kitzelattacke im Gehirn passiert, haben Wissenschaftler der Humboldt-Universität zu Berlin in Versuchen mit Ratten erforscht. Ratten, das muss man dazu wissen, sind furchtbar kitzelig. Sie lieben es vor allem, am Bauch gekitzelt zu werden, vollführen danach Freudensprünge und rennen immer wieder zu der Hand, die sie gekillert hat. Das Lachen der Tiere ist ein extrem hohes Fiepen, das Menschen nicht hören, aber mit einem Ultraschallgerät messen können. Bei ihren Untersuchungen haben die Forscher herausgefunden, dass Kitzeln im Gehirn die gleichen Reize auslöst, die beim Spielen mit Freunden entstehen. Vielleicht dient unsere Kitzligkeit also dazu, Individuen zum gemeinsamen Spielen zu bringen.

Kitzeln hat somit vermutlich eine Bedeutung für das soziale Miteinander. Wenn wir mit den Fin-

gern über den Körper eines anderen krabbeln, bringt uns das unweigerlich nahe. Niemals würden wir es bei jemandem machen, den wir nicht mögen. Für Kinder geht es beim Gekitzeltwerden vor allem um Aufmerksamkeit und Zuneigung. Egal, ob die sanfte Variante, Knismesis genannt, oder Gargalesis, die Kitzelattacke – es ist eine besonders intensive Art von Körperkontakt, »Hardcore-Kuscheln« oder »Streicheln extrem« sozusagen. Der Fokus liegt dabei ganz auf den Kleinen und sie können ihre Eltern damit sogar noch zum Lachen bringen. Besser geht's kaum.

Ab etwa sechs, sieben Monaten reagieren Säuglinge auf ein Kitzeln mit einem Lächeln. Davor scheinen die Rezeptoren auf der Haut den Reiz noch nicht aufzunehmen. Aber dann: Der Papa killert zum Beispiel das Baby leicht am Bauch. Der Säugling gluckst, Papa lacht zurück. Eine der ersten Interaktionen zwischen Eltern und Kind, durch die die Zuneigung wächst, die Bindung gestärkt wird.

Soziale Gruppen, die miteinander lachen, halten besser zusammen – und das bringt einen Vorteil fürs Überleben und für die Fortpflanzung. Auch Affen kitzeln sich gegenseitig und trainieren damit das Sozialverhalten. Washoe, eine Schimpansin, der US-Wissenschaftler in den 1960er-Jahren die Gebärdensprache beigebracht hatten, forderte ihre Trainer manchmal dazu auf, sie zu kitzeln.

Trotzdem werden nicht alle Kinder wahnsinnig gern gekitzelt. Ob man das mag oder nicht, ist auch eine Frage der Persönlichkeit: Bei den Ratten, die an der Berliner Humboldt-Universität untersucht wurden, waren es die aufgedrehten, frechen Tiere, die sich beim Kitzeln fiepend krümmten. Die ruhigeren, zurückhaltenden waren nicht so versessen darauf. Das, so die Forscher, lässt sich wohl auf Menschen übertragen.

Man sollte also ganz genau darauf achten, was vom Kind gewünscht wird – und was nicht. Im Internet kann man so manche Blogeinträge finden, in denen Menschen darüber schreiben, wie sehr sie als Kind darunter gelitten haben, wenn das Kitzelmonster in Form der Mutter oder eines Onkels sie überfiel.

Kitzelattacken können schnell übergriffig werden. Und es braucht Feingefühl, um herauszufinden, ob das Kind nur lacht, um den Eltern zu gefallen, oder ob es einfach nicht aufhören kann. Geht ein Kind nach dem Kitzeln sofort weg, war es wahrscheinlich zu viel. Ein Codewort ist daher immer gut. Dornenkranz!

Warum muss auf Matratzen immer erst einmal gehüpft werden?

Ein Bett! Nichts wie rauf da! Hüpf, hüpf, hüpf. Und dort, eine Couch! Volle Sprungkraft voraus. Boing, boing, boing. Das Kind springt nach oben, die Wangen und der Magen ziehen nach unten. Das Kind lässt sich fallen, Wangen und Magen wandern in die andere Richtung. Die Haare fliegen! Jeder nachgiebige Untergrund flüstert Kindern wortlos zu: »Komm, probier mich aus! Wag es! Wir können bestimmt viel Spaß miteinander haben.« Und da für jemanden, dessen Alter den einstelligen Bereich noch nicht überschritten hat, das ganze Leben eine Herausforderung ist, muss er fast zwanghaft jede Couch und jedes Bett ausprobieren.

Die Neugierde und der unbändige Forscherdrang siegen. Immer. Auch wenn es eigentlich streng verboten ist, aus der Matratze ein Sprungbett zu machen, und die Platzwunde am Kopf gerade erst frisch verheilt ist. Schließlich muss man als Kind herausfinden, ob ein Sofa weich wie eine Wolke ist oder straff wie ein Trampolin. Und dann geht es los: Der ganze Körper wird gerüttelt und geschüttelt, und die Landung staucht ihn zusammen wie eine Marionette, deren Fäden plötzlich losgelassen werden. Ein verrücktes Durcheinander der Körperteile. Und dabei tut man sich nicht einmal weh. Bewegung ist für kleine Kinder der

unmittelbare Weg, um sich selbst zu erfahren und den eigenen Körper und die Umwelt zu erforschen.

Außerdem ist es für sie immer noch etwas Besonderes, überhaupt springen zu können. Hüpfen, egal ob auf Bett, Couch oder einem Bein, haben sie erst vor Kurzem gelernt. Es erfordert Koordination, Gleichgewicht, Ausdauer. Die Entwicklung geht sprunghaft: Etwa zwischen dem 16. und 22. Monat können Kinder mit beiden Beinen gleichzeitig vom Boden abheben und standfest wieder landen. Mit gut drei Jahren springen sie von der untersten Treppenstufe, mit vier beidbeinig circa 30 Zentimeter nach vorne. Bis zur Einschulung beherrschen sie die wichtigsten motorischen Fähigkeiten, die sie trainieren und verfeinern, indem sie immer weiter und höher springen. Wahnsinn, wie gut das klappt! Das muss man doch gleich und immer wieder ausprobieren.

Außerdem: Beim Springen spüren Menschen Leichtigkeit – auch Erwachsene, die sich ja nur noch selten dazu hinreißen lassen. Schade, denn sie verpassen einen kurzen Moment der Schwerelosigkeit, bei dem es sich anfühlt, als würde selbst das Gehirn einen Hüpfer wagen. Beim Sprung-Spektakel wird zudem das Glückshormon Serotonin ausgeschüttet. Kinder springen sich glücklich – und springen vor Glück. Denn bis sie etwa sechs Jahren alt sind, drücken sie ihre Gefühle oft direkt mit dem Körper aus, sie stampfen vor Wut mit den Füßen oder machen eben Luftsprünge vor Freude.

Fragen wir mal die jungen Hüpfer selbst. Ein Fünfjähriger sagt auf die Frage, warum er ständig auf der Couch springe: »Weil es verboten ist« – und grinst. Eine Sechsjährige beschreibt ihre Begeisterung fürs Hüpfen so: »Wenn ich meine Arme ausbreite und springe, fühlt es sich kurz so an, als könnte ich fliegen.« Auf dem Trampolin sei es am coolsten. Aber da nicht jeder Haushalt eines im Wohnzimmer stehen hat, müssen schon mal die Möbel herhalten.

Warum haben Kinder Angst vor Monstern unter ihrem Bett?

Irgendwann bekommt fast jede Familie Untermieter. Ins Kinderzimmer ziehen Monster, Hexen und Gespenster ein. Zumindest behauptet der Nachwuchs das. Liegt das Kind nachts im Bett, hört es ungewöhnliche Geräusche und in jeder dunklen Zimmerecke meint es, eine Fratze oder eine gruselige Kreatur zu erkennen. In dieser Zeit laufen Eltern abends gefühlt einen Marathon zwischen Wohnzimmercouch und kindlichem Schlafgemach. Der Nachwuchs ruft, man eilt heran und macht den dreigesprungenen Monster-Check: Licht an, beruhigen, nachschauen. Nein, unter dem Bett lauert kein zotteliger Wolf, im Schrank steckt kein achtarmiges Monster und hinterm Vorhang hängt kein Vampir, bereit zum Sprung an den Hals des Kindes.

Erich Kästner sagte einmal: »Wenn einer keine Angst hat, hat er keine Fantasie.« An genau dieser mangelt es Kindern zwischen drei und fünf Jahren nicht. »Magische Phase« nennen Psychologen diese Altersspanne (siehe »Warum verkleiden Kinder sich ständig?«), in der die Kleinen zum einen kognitiv so weit sind, sich Dinge ausdenken zu können, und zum anderen davon ausgehen, dass alles, was sie sich vorstellen, auch tatsächlich möglich ist. Die Grenze zwischen ihren Gedanken und der Realität existiert noch nicht klar und deutlich. Dass ein Hai in der Badewanne auftaucht oder eine Hexe durchs Schlüsselloch fliegt, erscheint ihnen durchaus möglich.

Bis ihr realistisches Denken voll entwickelt ist, erklären Kinder sich die Welt mithilfe ihrer eigenen Logik. Zum Beispiel: Wolken regnen, weil sie traurig sind. Diese Logik ist in sich durchaus stimmig. So antwortete eine Vierjährige auf die Frage: »Warum denkst du, dass es Monster gibt?«, ohne zu überlegen: »Weil Gott sie erschaffen hat, so wie Feen und den Weihnachtsmann. Das sind alles seine Helfer. Und die kann man ja auch nicht sehen. Und du sagst doch immer, die gibt es trotzdem. Es gibt liebe Monster und böse. Aber die bösen, die gehören dann zu einem bösen Anführer.« Nachvollziehbar.

Mit fünf Jahren können Kinder Fakt und Fiktion schon besser auseinanderhalten. Aber erst mit etwa sieben beruhigt es sie, zu wissen, dass ein Wesen nur ihrer Vorstellung entsprungen ist. Das hat eine Forschungsgruppe der Universität von Kalifornien nachgewiesen. Sie zeigte Kindern zwischen vier und sieben Jahren acht bebilderte Geschichten, in denen eine Hauptfigur entweder auf eine realistische Bedrohung (zum Beispiel einen Hai) oder auf unrealistische Wesen (zum Beispiel einen Drachen) trifft. Später wurden die Kinder nach den Gefühlen der Hauptfigur und nach Lösungswegen befragt. Jüngere Kinder versuchten, für alle Geschichten Möglichkeiten zu finden, um mit der Gefahr umzugehen. Bei den Siebenjährigen hingegen kamen bei den Fantasiegeschichten erst gar keine Unsicherheiten auf. Monster? Die gibt es doch gar nicht!

Evolutionsbiologen erklären die abendliche Angst vor unbekannten Kreaturen übrigens damit, dass der Mensch früher besonders dann Gefahr lief, einer tierischen Attacke zum Opfer zu fallen, wenn es Nacht wurde. Raubtiere lauerten dann im Gebüsch darauf, dass ihre menschliche Beute sich hinlegte, einschlief und somit wehrlos war. Und die Monster unterm Bett waren in Form von giftigen Kriechtieren real. Es war also durchaus klug, vor dem Einschlafen noch einmal überall nachzusehen. Natürlich galt das auch für unsere erwachsenen Vorfahren. Weshalb uns die Angst vor der Dunkelheit manchmal ebenfalls noch überkommt. Nur dass wir sie meist schnell rational in den Griff kriegen.

Manche Kinder zittern abends mehr in ihren Betten als andere. Das ist zunächst einmal eine Typfrage. Da Monster, Hexen und Gespenster aber nicht nur der eigenen Fantasie entspringen, sondern auch aus Büchern und Filmen in die

Köpfe der Kinder wandern, sollte man ihnen besser keine schaurigen Geschichten zeigen oder erzählen, bevor sie alt genug sind, um Realität und Fiktion ganz klar auseinanderhalten zu können. Im Rückblick muss ich sagen, wurde diese Regel in meiner Familie nicht unbedingt befolgt. Mein älterer Bruder bekam vom Nachbarjungen Hörspiel-Kassetten geliehen, die zum Gruseln und eigentlich erst ab 14 Jahren waren. Ich weiß nicht genau, wann ich zum ersten Mal die Geschichten mit Titeln wie ›Die tödliche Begegnung mit dem Werwolf‹ oder ›Draculas Insel, Kerker des Grauens‹ gehört habe. Aber ich erinnere mich an viele Träume, die durch zähnefletschende Wölfe mit Menschenköpfen gestört wurden. Heute, so scheint es mir, wird Kindern weniger Grusel zugemutet. Während früher eigentlich nur in der ›Sesamstraße‹

ein paar knuffige Kuschelmonster wohnten, gibt es inzwischen so einige Versuche ihrer Enthorrorfizierung. In Büchern wie ›Willkommen in Professor Graghuls geheimer Monsterschule‹ oder in Serien und Filmen wie ›Die Supermonster‹ oder ›Hotel Transsilvanien‹ treten sie als freundliche Wesen auf und wirken teilweise menschlicher als Kim Jong-un. Trotzdem werden Kinder wohl immer Panik vor Fantasiewesen unterm Bett haben. Sie kommt mit der magischen Phase – und sie verschwindet normalerweise nach und nach wieder von selbst.

Bis dahin kann man dem Kind dabei helfen, seine Angst zu überwinden. Und da ein schulterklopfendes »Ach komm, Monster gibt es doch gar nicht!« bei Kindern, die ungefähr sechs und jünger sind, wenig bringen wird, muss man sich für sie eine andere Strategie überlegen. Die Kleinen können nicht unsere Perspektive einnehmen, also versetzen wir uns doch in ihre Lage. Wie könnte man so ein Monster bekämpfen? Mit einem selbst gemischten Abwehrspray? Mit einem Schleier, der wie ein Schutzschild über dem Bett hängt? Oder mit einer Spur aus Gummibärchen, die das Ungeheuer aus dem Zimmer lockt? Am besten fragt man auch das Kind. Meistens ist es selbst der größte Experte für seine eigenen Monster und hat genaue Vorstellungen, wie man sie loswerden kann. (»Wenn Teddy hier sitzt, kann der böse Drache nicht an ihm vorbei.«) Überwinden die Kleinen ihre Angst allein, macht sie das stärker und mutiger für neue Herausforderungen. Denn nicht mehr lange und die nächsten Panikmacher werden auf der Matte stehen. Zum Beispiel soziale Ängste. Dann geht es um Fragen wie »Bin ich beliebt?« oder »Wie sehe ich eigentlich aus?«. Da können Teddy, Spray oder Gummibärchenspur nur wenig helfen.

Warum essen Kinder immer das Gleiche?

Jeden Tag Spaghetti ohne Sauce. Oder, wann immer es irgendwie möglich ist: Pommes. O. k., Pfannkuchen gehen auch mal. Aber was anderes? Auf keinen Fall! Kinder würden am liebsten immer das Gleiche essen: das, was sie kennen.

Alles Unbekannte, das auf dem Teller liegt, wird erst einmal angewidert abgelehnt. Kinder zwischen zwei und sechs Jahren haben regelrecht Angst vor fremdem Essen. Die Wissenschaft hat sogar einen Namen dafür: Nahrungsmittel-Neophobie. Ein ursprünglich evolutionär günstiger Überlebensmechanismus, denn in einer Zeit, in der es noch keine Supermarktregale gab, rettete die Regel: »Iss nur, was du kennst!« bestimmt vielen Neandertalern das Leben. Genau wie: »Hüte dich vor grüner und bitterer Nahrung!«, die ist in der Natur nämlich häufig verdorben oder sogar giftig. Wer in der Steinzeit schlau war, aß Süßes, Eiweißhaltiges und Fettes. Das ist fast immer problemlos und dazu energiereich. Wenn die Kleinen also lieber Schokolade und Pommes als grünen und bitteren Brokkoli oder Spinat essen, ist das eigentlich ein lebenserhaltender Trieb – den heute natürlich keiner mehr braucht.

Trotzdem folgen die kindlichen Essgewohnheiten anscheinend einem ziemlich genauen evolu-

MO
DI
M

tionsbiologischen Ablaufplan. Solange Babys gestillt werden und die meiste Zeit eng am Körper ihrer Eltern dran sind, probieren sie in der Regel bereitwillig alles, was man ihnen anbietet – selbst Oliven, Bohnen oder Ziegenkäse. Schließlich sorgen Mama und Papa dafür, dass alles, was sie sich in den Mund stecken, sicher ist.

Mit circa 18 Monaten, wenn Kinder auf eigenen Beinen die Umwelt erkunden und früher Gefahr liefen, nach der falschen Frucht zu greifen, beginnen sie auch heute noch, kritischer zu werden. Bei neuen, geschmacklich komplexen oder bitteren Nahrungsmitteln bleibt der Mund zu. Erst wenn die Kinder älter und erfahrener sind, ihre Organe resistenter, wird es wieder besser. Die Angst lässt nach. Das kann allerdings dauern. Wundern Sie sich nicht, wenn Ihr Kind sogar mit zehn oder zwölf noch ein Suppenkasper ist.

Der Nachwuchs könnte sich also, ginge es nach ihm, gut und gerne ein paar Jahre lang nur von Pasta, Pommes und Pudding ernähren. Soll er aber

natürlich nicht. Und deshalb kann man ihn, entgegen der evolutionären Zurückhaltung, an schwierige Geschmäcker gewöhnen. Selbstverständlich immer schön langsam. In Experimenten haben Forschungsteams der University of Tennessee belegt, dass Kinder Nahrungsmittel, die sie zunächst ablehnen, aber dann immer und immer wieder angeboten bekommen, meist doch irgendwann akzeptieren. Allerdings muss das ungewollte Essen den Kindern um einiges häufiger vorgesetzt werden, als Eltern es in der Regel tun – acht bis 15 Mal statt drei bis fünf Mal. Probieren ist also das Geheimnis. Doch Eltern lassen sich heute beim Thema Essen oft viel zu schnell verunsichern. Sie denken, dass man den Kleinen nur auf den Tisch stellen darf, was sie richtig gern mögen.

Kinderärzte meinen, das Problem mit den »schwierigen Essern« habe in den vergangenen 20 Jahren zugenommen. Und das liegt sicherlich nicht an den Kleinen. Auch wenn es nach Else Kling aus der Lindenstraße klingt: »So etwas hat es doch früher nicht gegeben!« Meine Mutter

kochte immer für die ganze Familie. Alles. Von Grünkohl bis Steckrübeneintopf. Manches mochte ich lieber als anderes. Ich wäre aber gar nicht auf die Idee gekommen, zu sagen, was man mir bitte schön servieren soll. Nur an Geburtstagen, da durfte man sich etwas wünschen. Warum nur haben wir angefangen, jedem Hosenscheißer eine Extrawurst zu braten?

Auch ich bin da übrigens nicht besser. An manchen Abenden bereite ich drei verschiedene Gerichte für vier Personen zu – eins für die eine Tochter, eins für die andere Tochter, nur mein Freund und ich sind vernünftig, wir essen das Gleiche. Ich habe keine Lust auf Geschrei und hungrige Kinder, die schlecht schlafen. Es ist einfach der Weg des geringsten Widerstands. Aber ich weiß: Ein Extra-Kinderteller ergibt gar keinen Sinn. Stattdessen sollte es so laufen: Die Eltern bestimmen, was und wann es etwas zu essen gibt. Das Kind entscheidet, wie viel. Und wenn der Nachwuchs mal nichts oder nur wenig isst, wird ihn ja nicht gleich das Schicksal des Suppenkaspers

ereilen. Man sollte als Erwachsener lernen, das auszuhalten.

Für die Vielfalt der Mahlzeiten sind die Eltern zuständig. Und dabei gilt: Früh übt sich. Selbst ihrem Embryo können Schwangere schon unterschiedliche Geschmackserlebnisse durch die Nabelschnur mitgeben. Um ihr Fruchtwasser zu verändern (ab der 14. Lebenswoche trinkt ein Ungeborenes davon kleine Schlucke), müssen sie möglichst viele verschiedene Nahrungsmittel essen – sich also nicht nur durchs Schokoladensortiment von Traube-Nuss bis Erdbeer-Joghurt futtern. Auch die Muttermilch verändert sich, je nachdem, was die Mutter isst – und prägt die späteren Vorlieben. Gestillte Kinder, deren Mütter sich abwechslungsreich ernähren, probieren häufiger Neues auf dem Speiseplan als solche, die eine immer gleiche Flaschenmilch bekommen.

Sind die Kinder dann größer, sollten Eltern auf den Tisch stellen, was sie für richtig halten – also abwechslungsreiches Essen und nicht nur die ein, zwei Lieblingsgerichte. Man selbst bestellt ja auch nicht jeden Tag beim Italiener die Trüffelnudeln, in denen man baden könnte. Natürlich ist es unfair, den Kleinen etwas vorzusetzen, von dem man weiß, dass sie sich davor ekeln wie vor unappetitlichen Tantenküssen. Es sollte kein Drängen geben – aber ebenso wenig ein Anstatt. Einfach das Gericht anbieten – dabei immer schön lächeln – und zeigen, dass man es selber gern isst (siehe »Warum machen Kinder einem alles nach?«). Ein- bis Vierjährige probieren nämlich ein neues Nahrungsmittel doppelt so häufig, wenn ein Erwachsener davon zuerst nimmt. Noch überzeugender: Ein Geschwisterkind greift zu.

»Nein, das ess ich nicht!« kann übrigens auch eins der vielen kindlichen Machtspiele sein. Oft geht es um Autonomie. Indem Kinder die Nahrungsaufnahme verweigern, ziehen sie eine Grenze zwischen sich und den Eltern. Manch einer entwickelt eine Essens-Marotte, um im Mittelpunkt zu stehen. Mit »Ich esse nur Nudeln mit Reis« sichert sich ein Kind garantiert auf jeder Geburtstagsfeier eine Extraportion Aufmerksamkeit.

Warum machen Kinder einem alles nach?

Wer schon immer davon geträumt hat, einmal ein Vorbild zu sein, jemand, zu dem man aufblickt, der muss keine große Karriere machen oder Superstar werden. Für Kinder kann ein Erwachsener zum Idol avancieren, ohne viel zu leisten. Lediglich dafür, dass wir schneller rennen können oder uns die Schuhe allein zubinden, werden wir von ihnen bewundert. Sie wären einfach gern wie wir.

Zugegeben, häufig nerven diese kleinen Fans. Wenn ich zum Beispiel noch die Blumen gießen will, meine kleine Tochter aber die für sie viel zu schwere Kanne an sich reißt, um es mir gleichzutun. Danach ist nicht nur das Kind komplett durchnässt und muss umgezogen werden. Nein, auch unser Holzfußboden vor dem Balkon trägt inzwischen seltsame Flecken, als habe er die Nesselsucht. Oder ich will nur schnell die Wohnung durchsaugen, bevor Besuch kommt, und die große Tochter schreit: »Nein, ich mach das!« Weshalb die Gäste dann unserem Kind bei der Hausarbeit zusehen können.

In solchen Momenten hilft es, sich bewusst zu machen, wie wichtig es für Kinder ist, Erwachsene zu imitieren. Die Kleinen »lernen am Modell«, so nannte es der kanadische Psychologe Albert Bandura. In Versuchen, die er in den 1960er-Jah-

ren durchführte, stellte er fest, dass sich Kinder vor allem durchs Beobachten und Nachahmen von Bezugspersonen neue Fähigkeiten aneignen. Der Vorteil dabei: Sie müssen nicht erst aus Fehlern klug werden, sondern übernehmen schnell und stressfrei ein Verhalten, das bereits erprobt ist und offensichtlich wunderbar funktioniert (oder auch nicht, aber das können sie dann als Erwachsene mit ihrem Therapeuten besprechen).

In den ersten Jahren ihres Lebens imitieren Kinder die Erwachsenen und üben sich in dem, was sie beobachtet haben. So versuchen sie in der Feinmotorik und der Gestik immer perfekter zu werden. Bestes Beispiel: das Smartphone. Schon Babys hinterlassen liebend gern mit ihren Patschefingern Abdrücke auf dem Display. Am meisten interessieren Kleinkinder alltägliche Abläufe. Sie wollen sich mit Dingen profilieren, die in der Erwachsenenwelt geschätzt werden. Und wenn man sie lässt, können sie das auch. Schuheputzen, Spiegelei machen, abwaschen – das schaffen schon Vierjährige, und zwar mit Begeisterung. Aber dazu brauchen sie ein anregendes Umfeld, das auf ihre Bedürfnisse eingeht, und nicht jemanden, der gleich rumschreit, wenn sie sich beim Blumengießen nass machen oder wenn es beim Saugen so schnell vorangeht wie in der

Supermarktschlange an einem Samstag kurz vor Weihnachten. Wenn Erwachsene Kinder bei dem Versuch, sie nachzumachen, ernst nehmen und sie einbeziehen, können sie sich diese Begeisterung sogar zunutze machen. Kindergartenkinder zum Beispiel putzen wahnsinnig gern. Holt die Mutter den Besen aus der Kammer, werden sie vorfreudig wie Obelix beim Anblick einer Horde Römer. Die Anerkennung der Eltern ist bei kleinen Kindern noch die größte Motivation. Dafür müssen nicht viele Worte der Begeisterung fallen. Es reicht ein Blick, der signalisiert: Ich sehe, was du machst, und ich freue mich darüber. Und natürlich darf man am Ende nicht noch fünf Mal über die getane Kinderarbeit wischen. Das demotiviert selbst das engagierteste Heinzelmännchen.

Kinder imitieren aber nicht nur unsere Handlungen. Wie ein Spiegel auf zwei Beinen kopieren sie manchmal unsere Gesten und Gewohnheiten. Spleens, Formulierungen, die wir regelmäßig verwenden, und Werte, die wir ihnen vorleben, werden übernommen. Manchmal adaptieren sie sogar unseren Tonfall oder unsere Art, zu gehen. Blöd nur, dass die Kleinen nicht unterscheiden können, ob wir ihnen gerade etwas gut oder schlecht vorleben. Sie ahmen ungefiltert nach. Das kann für Bezugspersonen wie eine Konfrontationstherapie sein: Sage ich wirklich in jedem Satz mindestens einmal das Wort »halt«, »eigentlich« oder »sowieso«? Das kleine Mini-Me wird es Ihnen zeigen.

Selbst wenn wir bereits erwachsen sind, praktizieren wir häufig noch Gesten, Gesichtsausdrücke und Spleens unserer Eltern oder von engen Bezugspersonen aus der Kindheit. Und vieles, was in der Familie, in die wir hineingeboren wurden, als »normal« galt, ist es für uns heute noch. Einmal beobachtete ich einen Kollegen dabei, wie er sein Messer in die Seite eines Toastbrots stach und wieder herauszog. »Was treibst du da?«, fragte ich irritiert. »Na, ich mache es sauber«, antwortete er. »Wie machst du das denn?« Diese Art, Marmelade von einem Messer abzustreifen, hatte er sich von seinen Eltern abgeschaut – und für ihn war das die naheliegendste Art und Weise.

Kinder vertrauen voll und ganz darauf, dass Erwachsene ihnen sinnvolle Handlungen vorleben. Wie sehr, haben Wissenschaftler der Universität von Queensland in Brisbane und der KwaZulu-Natal-Universität in Südafrika bei einem Experiment mit 90 Kindern im Alter zwischen zwei und 13 Jahren herausgefunden. Ein Teil kam aus dem australischen Brisbane und war es gewohnt, dass Eltern Dinge erklären, die sie machen. Der andere Teil stammte von Buschleuten aus der Kalahari-

Wüste, deren Nachwuchs vor allem durch Beobachtung und eigenes Ausprobieren lernt – zum Beispiel, wenn er mit auf die Jagd gehen darf. Alle Kinder sollten in dem Versuch eine Schatulle öffnen, in der sich ein Spielzeug befand. Ein Erwachsener zeigte ihnen anhand von ein paar einfachen Mechanismen, wie das geht. Dabei führte er jedoch auch bedeutungslose Gesten aus, zeichnete beispielsweise Kreise in die Luft. Das Ergebnis: Alle Kinder – unabhängig, woher sie kamen und welche Art des Lernens sie gewohnt waren – taten es ihm bis ins letzte unsinnige Detail gleich. Anscheinend folgen Kinder uns also blind. Sie nehmen wohl an, dass alles, was wir tun, sinnvoll ist und somit Grund genug, es nachzuahmen. Evolutionär betrachtet, hat das Imitieren natürlich auch Vorteile: Man bringt sich und sein Leben nicht in Gefahr, wenn man eine Handlung kopiert, die sich bereits als sicher etabliert hat.

Mit unserem Verhalten beeinflussen wir unseren Nachwuchs also entscheidend – mehr als mit symbolhaften Lehrstunden und Standpauken. Im Kinderspital Zürich testete eine Forschungsgruppe von Oskar Jenni zum Beispiel, wie viel Jungen und Mädchen sich bewegen. Dabei fanden sie heraus, dass nicht die Kinder, deren Eltern diese zu gemeinsamen Sportaktivitäten animierten, am

aktivsten waren, sondern die, deren Mütter und Väter selbst am meisten turnten, schwammen, joggten.

Also: Prägen Sie Ihre Kinder, solange es noch geht. Im Teenager-Alter kann man als Eltern wahrscheinlich nicht mehr damit rechnen, dass der Nachwuchs einem nacheifern möchte. Bis neun, zehn schauen die Kleinen vielleicht noch zu uns auf, egal, wie wir uns anstellen. Ab zwölf, dreizehn sagen die meisten Kinder aber: Was du machst, ist mir egal. Ich mache das nicht.

Je älter das Kind wird, umso größer wird der Einfluss anderer Personen: die coole Tante, der ältere Bruder oder jemand, den man im Kino gesehen hat. Wenn Eltern sich über ein Vorbild ihres Kindes wundern, sollten sie es am besten fragen, warum gerade der oder die als nachahmenswert angesehen wird. Welche Werte oder Eigenschaften an dieser Person der Nachwuchs toll findet. Dabei kann man so einiges über das eigene Kind lernen.

Warum sind Jungen so wild?

Vor ein paar Jahren stand ich hochschwanger auf einer Weihnachtsfeier. Ein Kollege sprach mich mit einer der üblichen Small-Talk-Fragen für werdende Eltern an: »Was wird es denn?« »Noch ein Mädchen«, antwortete ich. »Hach, Mädchen!«, sagte er und sein Blick schien in eine bessere Welt abzuschweifen. Der Mann ist selbst Vater von zwei kleinen Jungen und hatte damit anscheinend zu kämpfen: Seine Familie sei gerade mit Freunden und deren Kindern im Urlaub gewesen. Alles Mädchen. So etwas habe er noch nicht erlebt. Beim Essen hätten sie ganz ruhig am Tisch gesessen. Oder sie hätten gemalt – ganz ruhig. Wieder dieser Blick. Er hingegen werde ja morgens immer von Plastikschwertern geweckt, die auf ihn einprügelten. Ich streichelte meinen Mädchen-Bauch.

Jungs! Sie sind wild, streitlustig, unangepasst, kompetitiv, laut. Einfach anstrengend, diese Mini-Machos. Und ihr Bewegungsdrang, fürchterlich. Keine fünf Minuten können die kleinen Rabauken still sitzen. Das sagt man so über Jungen. Und tatsächlich sprechen ein paar Fakten dafür, dass es sich bei ihnen eher nicht um das ruhigere Geschlecht handelt.

So werden viel mehr ADHS-Diagnosen bei männlichen Kindern gestellt und die kanadische

Psychologin Barbara Morrongiello fand heraus, dass Jungen deutlich risikobereiter sind als Mädchen. Aktivitäten wie waghalsige Kletterpartien schätzten sie – anders als weibliche Altersgenossinnen – nicht als gefährlich ein. Dazu passt, dass in der Kinderambulanz viel häufiger Jungen nach kleinen häuslichen Unfällen eingeliefert werden.

Doch wie kommt das? Es muss das Testosteron sein, meinen viele Eltern, während sie ihrem kleinen Sohn dabei zusehen, wie er den Teddy in den Schwitzkasten nimmt, dem Couchkissen Karate-Tritte verpasst oder mit einer Geschenkpapierrolle bewaffnet hinter der Katze herjagt. Über dieses Testosteron, das die Jungen wild machen soll, hat man ja schon viel gelesen. Irgendwann mal. Irgendwo.

Tatsächlich findet sich einiges dazu. In Artikeln, in Blogbeiträgen, in Foren wird darüber berichtet, dass der Wert des männlichen Geschlechtshormons im Blut von Jungen ansteigt, sobald sie circa vier Jahre alt sind. Das mache sie zu kleinen Kampfmaschinen.

Dazu lässt sich nur eines sagen: Das stimmt nicht. Bis zum zehnten Geburtstag haben Jungen und Mädchen etwa gleich viel Testosteron im Blut, nämlich praktisch nichts. Einzige Ausnahme: Im ersten Lebensjahr gibt es bei Jungen einen Hormonsturm als Spätfolge der Ausprägung der Geschlechtshormone im Mutterleib. Danach steigt der Spiegel bei den Jungen erst wieder stark an, wenn sie in die Pubertät kommen. Und selbst dann ist nicht sicher, wie sich das Testosteron auf ihr Verhalten auswirkt. Generell weiß man heute noch recht wenig darüber, wie genau einzelne Hormone den Menschen beeinflussen. In diesem Bereich wird fleißig geforscht.

Wildes, aggressives Benehmen bei einem kleinen Jungen lässt sich also nicht einfach mit »Das ist das Testosteron« abtun. Es muss eine andere Erklärung geben. Die liefern Kultur- und Sozialwissenschaftler. Sie sind sicher, dass die raufenden, rennenden, rüpelnden Jungen eigentlich nur das tun, was wir von ihnen erwarten. Sie versuchen, sich so zu benehmen, wie es von den Großen anerkannt wird.

Denn auch wenn uns Sprüche wie »Ein Indianer kennt keinen Schmerz« und »Jungs weinen nicht« längst antiquiert vorkommen, scheinen wir immer noch die Tendenz zu haben, Jungen als robuster und aktiver anzusehen als Mädchen – und sie so zu behandeln. Meist sind wir uns dessen gar nicht bewusst. Es passiert ganz schnell, nebenbei, fast unbemerkt. Wir schauen in einen Kinderwagen, sehen einen blauen Strampler und

sagen: »Na, du kleiner kräftiger Kerl«, während wir beim Mädchen verzückt: »Wie süß bist du denn?« säuseln. Oder wir halten ein Mädchen, das auf einer Rampe entlangkrabbelt, fest und sagen: »Pass gut auf!«, einen Jungen hingegen

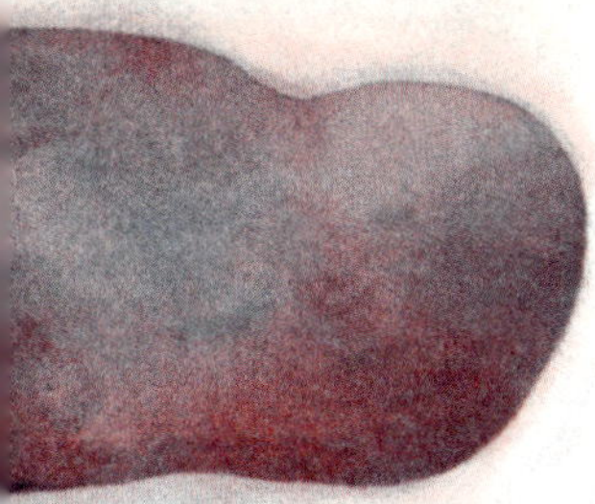

feuern wir an, es allein zu versuchen. In einem Versuch der New York University, in dem Mütter die Krabbelfähigkeiten ihrer elf Monate alten Babys einschätzen sollten, zeigte sich genau dieses Bild. Die männlichen Kinder wurden in der Regel überschätzt, die weiblichen unterschätzt. Was auch die Risikobereitschaft vieler Jungen erklärt (und warum sie häufiger in der Kinderambulanz anzutreffen sind). Sie agieren wagemutiger, weil wir sie darin bestärken.

Mehrere psychologische Studien belegen, dass wir mit Mädchen und Jungen anders umgehen. Wir sprechen zum Beispiel unterschiedlich mit ihnen und über sie. Bereits vor der Geburt setzt bei Eltern das Rollenklischee-Denken ein. Kaum haben sie das Geschlecht ihres Kindes erfahren, beschrieben Mütter die Kindsbewegungen in ihrem Bauch anders, bei Jungs als energisch und kräftig, bei Mädchen als ruhig. Nach der Geburt interagieren Mütter mehr mit ihren weiblichen Babys und sprechen häufiger, emotionaler und ruhiger mit ihnen als mit männlichen Kindern – obwohl diese nicht weniger sensibel auf ihre Mütter reagieren.

Statt mit ihnen über ihre Gefühle zu sprechen, betonen wir bei Jungen anscheinend lieber, wie schnell sie rennen oder wie toll sie den Ball schießen, wie geschickt sie klettern oder wie kräftig sie zupacken. Dabei sind sie im Kleinkindalter den Mädchen körperlich gar nicht überlegen. Muskelmasse und -kraft unterscheiden sich kaum. Das ändert sich erst mit Beginn der Pubertät. Dann werden die Jungen durch das Testosteron in der Regel stärker und circa zehn bis zwölf Zentimeter größer als die Mädchen. Trotzdem hört man bereits in der ersten Klasse Grundschullehrerinnen sagen: »Ich brauche mal ein paar starke Jungs, die Tische verrücken.« Deprimierend für alle Mitschülerinnen, die ihre Klassenkameraden locker zu Boden ringen könnten.

Das Bild von den kleinen Kraftprotzen haben wir verinnerlicht. Auch, weil lange Zeit und bis vor ein paar Generationen die Jungen bewusst zum starken Geschlecht erzogen wurden. Damals war es schlimm, wenn sie sich nicht typgerecht wie »ein kleiner Mann« entwickelten, schließlich sollten sie fürs Vaterland in den Krieg ziehen oder, wenn gerade kein Krieg war, anstrengende Männerberufe ausüben.

Unsere alten Geschlechtervorstellungen übertragen wir noch immer auf unseren Nachwuchs. Wenn das Kind im Kindergartenalter sich und seiner Rolle erstmals bewusst wird, versucht es, diese auch auszufüllen. Mädchen und Jungen vergleichen sich dann mit anderen Kindern, mit Erwachsenen und mit den Menschen und Figuren, die ihnen in Kinderbüchern, -filmen und in der Werbung begegnen – wie etwa dem kräftigen, Schwert schwingenden Käpt'n Sharky oder der zarten und lieblichen Prinzessin Lillifee (siehe auch »Warum haben Mädchen die rosa Phase?«, »Warum lieben alle Jungs Bob den Baumeister?«).

Gerade für kleine Jungen gibt es wenige neue Identifikationsfiguren. Während weibliche Heldinnen in Büchern, Serien und Filmen zunehmend schlau, selbstbewusst und tatkräftig sind, hat sich der gefühlige, zweifelnde und ruhige Junge noch nicht so durchsetzen können. Umso wichtiger, dass wir darauf achten, viel mit ihnen zu reden, auch über ihre Gefühle, dass wir ihnen Schwächen zugestehen – und sie ständig und unermüdlich kuscheln.

Warum schmeißen Kinder alles runter?

Schon seltsam, was manche Eltern ihren Babys so alles unterstellen. Internetforen lassen da tief blicken. In einem schreibt eine Mutter, ihr Sohn würde sie ärgern. Er schmeiße seit Wochen alles herunter: Rasseln, Löffel, Schnuller, Kartoffelbrei. Einfach alles. Sie schimpfe deshalb mit dem Kleinen und habe ihm schon hundert Mal gesagt: »Nein!« Doch keine Besserung. Sie sei verzweifelt und inzwischen so sauer, dass sie dem Kind auf die Finger haue. »Warum provoziert er uns nur so?«, fragt die Mutter verzweifelt in die virtuelle Runde. Dort kennen alle dieses Problem. Eine »scheußliche Phase«, heißt es dort mitfühlend. Jemand schlägt vor, das Kind für ein paar Minuten in ein anderes Zimmer zu stecken, wenn mal wieder etwas zu Boden rauscht. Ein anderer meint, es würde helfen, dem werfenden Kleinen einfach keine Beachtung mehr zu schenken.

Harte Maßnahmen – vor allem, wenn man weiß, dass hier gar keine Rebellion stattfindet, sondern Forschungsarbeit. Einen Gegenstand zu werfen oder ihn fallen zu lassen, bedeutet für ein Kind, das zwischen sechs und 18 Monaten alt ist, die Welt zu erkunden. Wie ein Alien, der gerade auf der Erde gelandet ist, muss es herausfinden, wie sich die Dinge um es herum verhalten.

Wenn wir Erwachsenen zum Beispiel ein Stück Karotte in die Hand nehmen und loslassen, wissen wir ganz genau, wie und wo das enden wird: Zunächst einmal fällt das Gemüse nach unten, trifft circa eine halbe Sekunde später mit einem leisen Tock-Geräusch auf dem Boden auf, springt dort zwei, drei Mal hoch und bleibt dann regungslos, aber gut erhalten liegen. Wir wissen auch, dass die Karotte weiter fliegt, wenn wir sie werfen, und dass das »Tock« des Aufpralls dann etwas später erfolgt. Wir kennen die Flugeigenschaften unserer Karotten – und fast aller anderen Gegenstände ebenfalls. Für uns ist die Welt vorhersehbar geworden – zumindest in Bezug auf ihre physikalischen Gesetze.

Für ein Baby ist es aber eine hochinteressante Erkenntnis, dass ein Karottenstück nicht schwebt oder aufsteigt, wenn man es loslässt – und dass es beim Herunterfallen nicht matschig am Boden klebt, scheppernd zerbricht oder rasant durch die Küche rollt. Deshalb thront es in seinem Kinderstuhl und schubst immer und immer wieder die Milchflasche über den Tischrand oder wirft eine Rassel im hohen Bogen aus der Karre. Mal feuert es ein Ding aus der Faust ab, mal lässt es ein Testobjekt aus dem Zweifingergriff fallen oder kippt es sanft aus der Handfläche. Was dann passiert, muss immer wieder aufs Neue überprüft werden. Wer weiß, vielleicht ist das, was man gestern gesehen hat, inzwischen gar nicht mehr aktuell. Ob die Erdanziehung wohl auch heute noch funktioniert? Wenn Mini-Newton und Baby-Curie ihre Experimente durchführen, nutzen sie dabei tatsächlich so etwas wie wissenschaftliche Methoden. Sie können statistische Regelmäßigkeiten und Abweichungen erkennen und entwickeln ein besonderes Interesse, sobald es um neue

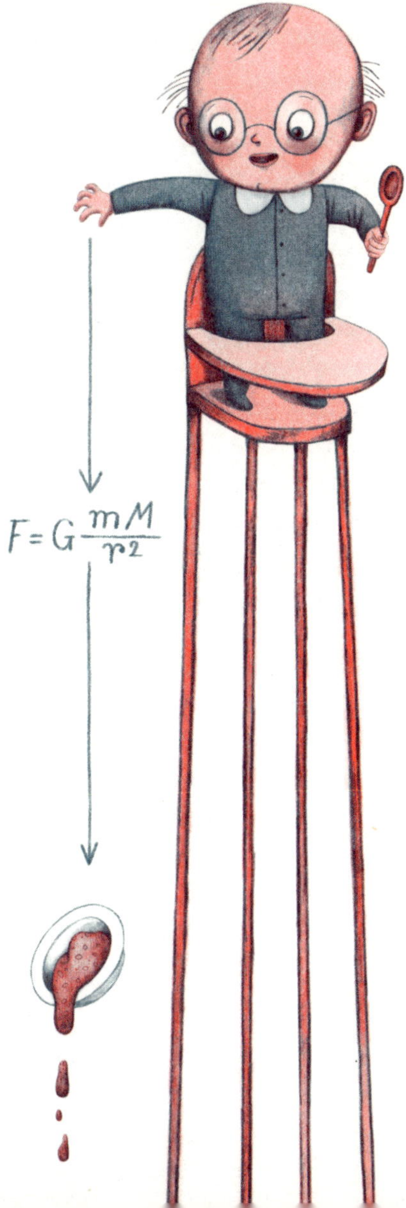

Informationen geht. Ein Team an der Universität im amerikanischen Rochester spielte acht Monate alten Babys lange Reihen von Silben vor. In einer Variante folgte zum Beispiel »da« grundsätzlich auf »bi«, »bi« jedes dritte Mal auf »ro«. Dann ließ man neue Silbenfolgen ablaufen. Entsprachen diese den Mustern, waren die Babys nicht weiter interessiert. Durchbrachen sie sie, hörten die Kleinen länger und aufmerksamer zu.

Früher dachte man, Babys seien in den ersten Monaten schlichtweg dumm. Unfertige Erwachsene eben. Die neuere Säuglingsforschung geht davon aus, dass mehr logisches Denken in den kleinen Köpfen steckt als vermutet und dass Babys bereits in den ersten Monaten ein naturwissenschaftliches Verständnis haben. Forschungsteams beobachteten, dass Babys länger auf Autos starrten, die wider Erwarten (durch einen Trick) durch Wände fahren konnten. Oder die Kleinen wunderten sich, wenn ein Ball, der präpariert wurde, aus einer geöffneten Hand nicht zu Boden fiel. Eine gewisse Vorstellung davon, was Statistik, Schwerkraft, Bewegungsbahnen sind, müssen sie demnach haben, sogar schon bevor sie selbst mit gezielten Experimenten beginnen.

Unterschätzen Sie also nie ein Baby. Kinder sind Experten darin, sich Wissen anzueignen. Und auch wenn es nervig ist, dass der Schnuller, den man gerade erst vom Boden aufgesammelt hat, weil der Nachwuchs ihn ganz furchtbar dringend wiederhaben musste, jetzt schon wieder an einem vorbeifliegt – für den Wissensdurst seines Kindes lohnt es sich, den Rücken krumm zu machen oder auf Knien herumzurutschen. Später, wenn die Kinder in der Schule Physik und Chemie abwählen, sobald es möglich ist, wären wir doch froh über so viel unbändigen Forschungsdrang. Also los! Nicht dem Kind entnervt das Wegwerfmaterial

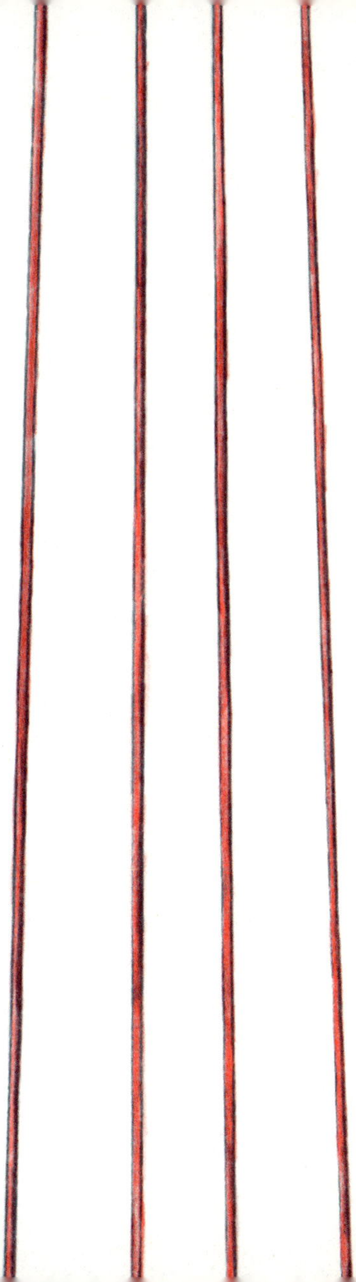

aus den Händchen reißen, sondern am besten immer wieder neues anreichen. Vielleicht nicht das Meißner Porzellan. Aber auch mal Erbsenpüree.

Eltern sind als wissenschaftliche Assistenten gefragt. Und das nicht nur, um die Gegenstände zu apportieren, an die das Baby allein nicht herankommt. Die elementare Natur- und Materialforschung ist zugleich empirische Sozialforschung. Heben Eltern immer und immer wieder auf, was der Nachwuchs fallen lässt, dann kann er sich zum einen sicher sein: Auf sie ist Verlass. Zum anderen studieren die Kleinen, nachdem sie etwas fallen gelassen haben, die Reaktionen der großen Menschen. Lasse ich ein Tuch zu Boden segeln, schaut keiner. Lasse ich aber im Restaurant den Teller vom Tisch stürzen, sind alle Blicke sofort auf mich gerichtet. Interessant! Und – da Kinder Aufmerksamkeit lieben – toll. Man kann es mal mit einem Nein versuchen, aber besser räumt man alles außer Reichweite und bringt vielleicht ein paar unkaputtbare Gegenstände von zu Hause mit.

Sich über lautes Geschepper und ausgekippte Trinkbecher aufzuregen, ist allerdings sinnlos. Das Baby sieht bloß: »Aha, Mama wird laut und bekommt eine dicke Ader auf der Stirn, wenn ich mit meinem Käsetoast werfe.« Dass das Ärger ist, weiß es noch nicht. Erst mit ungefähr drei Jahren wird es in der Lage sein, sich in jemanden hineinzuversetzen und dessen Gefühle und Absichten zu verstehen. Wahrscheinlich wirft es vorher erst recht noch einmal den Käsetoast – denn es muss ja prüfen, ob Mama jedes Mal laut wird, wenn es das macht.

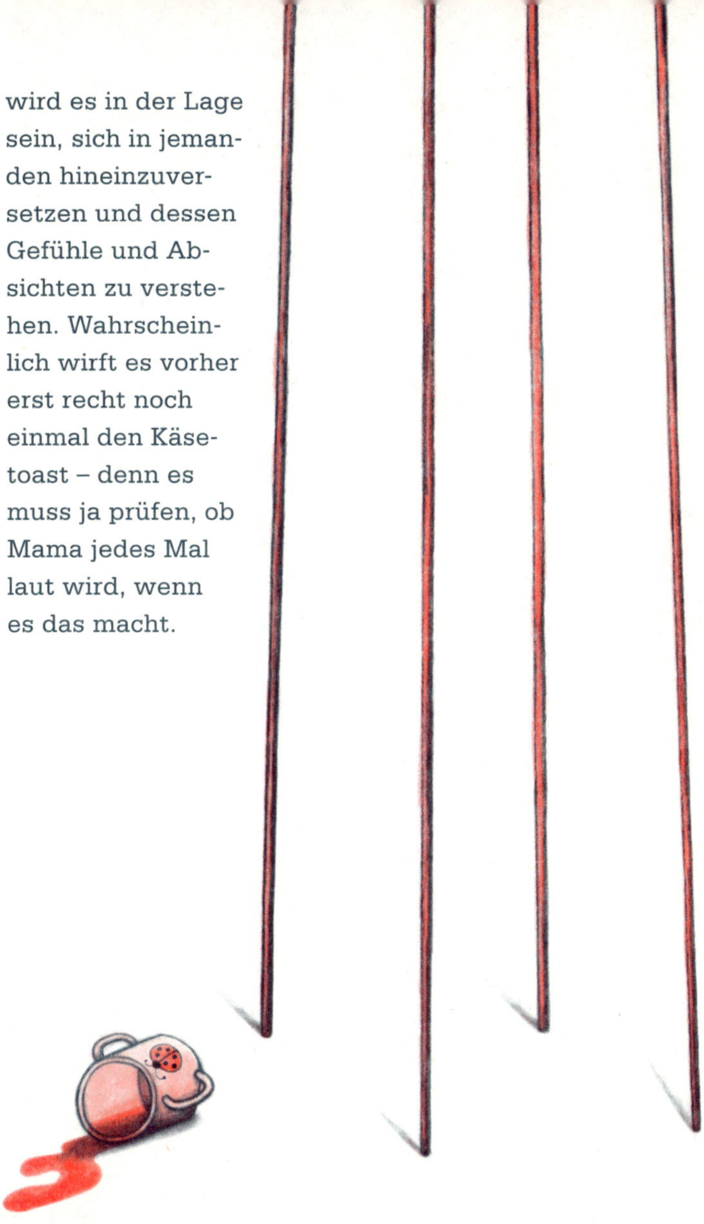

Warum steckt in kleinen Kindern so viel Wut?

Es kann jeden Moment passieren. Gerade noch schien die Welt völlig in Ordnung zu sein, doch dann, urplötzlich, bricht eine unbändige Wut aus dem kleinen Menschen hervor. Er windet sich, schreit, keift, weint, läuft rot an, wirft sich zu Boden, boxt und tritt um sich, schlägt mit dem Kopf gegen die Wand. Eine Szene wie aus dem ›Exorzisten‹.

Die ersten Wutanfälle des Nachwuchses sind furchterregend. Und selbst wenn das Kind später regelmäßig drei, vier Mal am Tag durchdreht, ist man jedes Mal aufs Neue irritiert – über die Wucht, die hinter einem Ausraster steckt, aber auch darüber, was alles der Auslöser sein kann. Einmal schmierte ich meiner Tochter einen Toast zum Frühstück. So, wie sie es mag: Marmelade auf der einen Hälfte, Honig auf der anderen. Ich fragte: »In der Mitte durchschneiden?« und sie brummte: »Mhm«, also »Ja«. Ich schnitt und servierte. Woraufhin sie unter Geschrei Toast und Teller vom Tisch fegte. Zerschnitten wollte sie dieses Brot auf gar keinen Fall essen.

Im Internet veröffentlichen Eltern sogar detaillierte Listen, in denen sie aufzählen, aus welchen Gründen ihre Kinder in Rage geraten. Wahrscheinlich mit der Hoffnung »geteiltes Leid ist halbes Leid«. Ein Auszug:

» Ich habe ihm den falschen Löffel für seinen Joghurt gegeben.

Sie wollte ihr Elsa-Shirt tragen, das in der Wäsche war.

Er hat festgestellt, dass heute nicht sein Geburtstag ist.

Die Strumpfhose kratzte.

Er bekam den Verschluss der Jacke nicht auf.

Ich habe mich auf ihren imaginären Freund gesetzt.

Die Folge von ›Paw Patrol‹ war zu Ende.

Wir mussten los.

Ich habe sie nicht ans Telefon gehen lassen.

Ich musste das Abendessen kochen.

Er hat sein Glas umgekippt.

Ich wollte ohne sie duschen.

Ich habe den kleinen Bruder gewickelt.

Ich habe ihr gesagt, sie soll baden.

Ich habe ihr gesagt, sie soll aus der Badewanne herauskommen.

Ihre Schwester hat den Pyjama schneller angezogen als sie. «

Alles Anlässe für große Dramen, rotzverschmierte und tränenüberströmte Gesichter. Als »blöde Mama« oder »scheiß Papa« beschimpft, steht man kopfschüttelnd und ratlos neben dem kleinen Wutball und fragt sich: Woher kommt nur dieser Jähzorn? Ist das noch normal?

Ja, ist es. Solche Anfälle gehören in die Kategorie: natürlich, wichtig, müssen sein. Sie sind keine Provokation, keine Dreistigkeit, keine Folge von schlechter Erziehung, sondern Teil eines Entwicklungsschrittes – weg von Mamas Rockzipfel und Papas Hosenbein, hin zu mehr Autonomie.

In allen Kulturen dieser Welt haben Eltern mit den Wutausbrüchen ihrer Kinder zu kämpfen.

Selbst kleine Schimpansen und Orang-Utans kommen ins Zornesalter und drehen durch, weil sie nicht auf Mamas Rücken reiten dürfen oder keinen Apfel mehr bekommen. Bei Menschenkindern beginnt die sogenannte Trotzphase mit etwa eineinhalb Jahren, wenn den Kleinen bewusst wird, dass sie nicht eins mit Mama und Papa sind, sondern selbstständige, unabhängige Menschen, die sich im Spiegel erkennen können, nur noch selten in der dritten Person von sich sprechen und einen eigenen Willen haben.

Als solche würden sie am liebsten von heute auf morgen alles selber machen und alles allein entscheiden. »Nein« und »ich« werden zu ihren neuen Lieblingswörtern. Doch ein kleines Kind, das nach Autonomie strebt, stößt ziemlich schnell an seine Grenzen. Zum Beispiel wenn es beschließt: »Ich will jetzt noch im Sandkasten sitzen bleiben«, und die Eltern es trotzdem einfach nach Hause tragen. Wie ungerecht! Oder wenn beim Einschenken mehr Milch vorbeifließt als ins Glas oder der blöde Reißverschluss wieder klemmt. Oder wenn ihm so ziemlich alles, was es allein ausprobieren möchte, verboten wird. Messer, Gabel, Schere, Licht und so weiter. Wie frustrierend!

Das Kleinkind hat also einige Gründe, um enttäuscht, traurig, zornig, verärgert zu sein. Es erlebt jetzt große Gefühle – hat aber noch keine Ahnung, keine Strategien, wie es mit ihnen umgehen soll. Deshalb reagiert es nicht besonnen wie Angela Merkel, sondern benimmt sich wie der Hulk, wenn ihm etwas gegen den Strich geht.

Die Fähigkeit, Situationen auszuhalten und Gefühle zu beherrschen, muss ein kleiner Mensch erst erwerben. Bei jedem Wutanfall lernt er, mit seinem Zorn besser umzugehen. Statt einfach wie besessen loszuschreien, findet er Möglichkeiten, sich selber zu beruhigen. Diese Chance, sich weiterzuentwickeln, sollte man seinem Kind unbedingt lassen. Das Gezeter und Gebrüll ist eine Investition in die Zukunft. In der Trotzphase wird der Grundstein dafür gelegt, wie ein Kind später im Leben mit Stress und Konflikten umgeht. Ob es seine Emotionen kontrollieren und regulieren kann oder bei jeder Kleinigkeit den Klaus Kinski gibt.

Kinder – und somit ebenfalls ihre Eltern – müssen da also durch. Auch, wenn es auf beiden Seiten Nerven kostet. Auch, wenn der Nachwuchs sich im Supermarkt benimmt, als hätte man ihm gerade die Hände abgeschnitten (und nicht gesagt: »Lass die Tafel Schokolade los!«). Trotzdem sollten Eltern nicht versuchen, einen Wutanfall so schnell wie möglich zu beenden. Zum Beispiel indem sie den Kleinen einfach geben, was sie wollen. Kinder müssen die Erfahrung machen: Ich raste aus – und es hat mir nichts gebracht.

Kommt es zu einem Wutanfall, kann man währenddessen nur wenig tun, außer dafür zu sorgen, dass weder das Kind noch man selber oder ein Einrichtungsstück Schaden nimmt. Am besten steht man seinem Kind bei und versucht, möglichst ruhig zu bleiben, um die Situation nicht eskalieren zu lassen. Einfach da sein und dem Kind zeigen: Ich sehe, dass du wütend bist. Ich liebe dich trotzdem. Denn auch wenn die Kleinen sich von ihren Eltern abgrenzen wollen, schwanken sie zwischen Autonomieanspruch und Geborgenheitsbedürfnis. Und sobald die Wut durchs Kind gebraust ist, will es in den Arm genommen und getröstet werden.

Nun fällt die Trotzphase bei manchen Kindern schlimmer aus als bei anderen. Und gerade Eltern mit besonders forderndem Nachwuchs fragen sich: Warum ist meiner so schlimm? Warum dreht er häufiger und heftiger am Rad als andere? Zunächst einmal spielt das Temperament der Kleinen eine wichtige Rolle. Energische, dickköpfige Kinder haben in der Regel häufiger heftigere Wutanfälle als ihre ruhigen, schüchternen Altersgenossen. Verstärkt wird dies dadurch, dass Eltern von temperamentvollen Kindern schnell in einen Teufelskreis geraten. Ihr Nachwuchs ist anstrengend, sie fühlen sich davon überfordert und sind deshalb bei der Erziehung oft inkonsequent und unstet. Dabei bräuchten gerade diese Kinder besonders klare Ansagen. Einschneidende Erlebnisse wie die Geburt eines Babybruders oder einer Babyschwester – also eines Konkurrenten –, ein Umzug oder die Trennung der Eltern können ebenfalls dafür sorgen, dass ein Kind unausgeglichen ist und sich das Trotzen verschärft.

Eltern, die die Aggressionsbewältigung ihrer Kinder unterstützen möchten, leben ihnen am besten vor, wie man sich angemessen aufregt: Sie brüllen also nicht selbst herum, wenn ihnen etwas nicht passt, sondern versuchen, möglichst ruhig über ihre Gefühle zu sprechen. Und sie sprechen mit ihren Kindern über deren Gefühle. Die Kleinen verstehen in der Regel, wenn man ihnen erklärt, dass sie ihren Willen und ihre Wut zwar zeigen dürfen, das Wie aber entscheidend ist: Lass deinen Zorn doch am Kissen aus, statt an deinem kleinen Bruder.

Nach und nach wird das Kind immer besser darin werden, seine Gefühle in den Griff zu bekommen. Ungefähr im vierten Lebensjahr geht es nicht mehr wegen eines durchgeschnittenen Toasts an die Decke. In der Grundschule sollte das Kind nur noch vereinzelt Wutanfälle haben. Dann haben die Eltern ein paar Jahre Zeit, um zu verschnaufen – bevor es mit den Schreiattacken in der Pubertät weitergeht.

Warum sind Kinder so gut im Memory?

Trotz ihres Namens haben Gesellschaftsspiele, zumindest wenn man sie mit kleinen Kindern spielt, selten etwas Geselliges. Schnell fühlt sich der Nachwuchs durch Sieg verhindernde Regeln oder pechsträhnige Würfel bis aufs Blut gereizt. Nicht nur beim ›Mensch ärgere Dich nicht‹, auch beim ›Domino‹, ›Mikado‹ oder ›Obstgarten‹ fliegen einem plötzlich Spielsteine, Karten und Würfel um die Ohren. Allein die Tatsache, dass man als Erwachsener ein Puzzleteil schneller findet, kann dazu führen, dass das Kind sich wutschnaubend und stampfend aus dem Zimmer verabschiedet: »Ich spiel nicht mehr mit!«

Um sie nicht aufzuregen, lassen viele Eltern ihre Kinder deshalb einfach gewinnen. Mir ist das ehrlich gesagt zu langweilig. Und zu gönnerhaft. Klar, ich will auch nicht, dass die Kleinen aus Frust mit einem Mikadostäbchen Harakiri begehen oder nie wieder mit mir spielen wollen. Und ich würde keinem Dreijährigen zum zehnten Mal den Schwarzen Peter zuschieben. Aber ab und zu schon.

Inzwischen weiß ich, dass das aus pädagogischer Sicht auch richtig ist. Kinder müssen lernen, Frust zu ertragen. Man soll ihnen mit steigenden Kompetenzen mehr zutrauen und zumuten, heißt es in der Entwicklungspsychologie: immer schön fördern und fordern. Gerade für Kinder im Alter von drei bis sechs Jahren ist es wichtig, verlieren zu lernen und damit richtig umzugehen. Schließlich müssen sie später auch eine Fünf in Mathe wegstecken können, ohne dem Lehrer oder der Lehrerin ihre Federtasche an den Kopf zu werfen.

Wer die Nachwuchsspieler trotzdem nicht ständig scheitern und ausrasten sehen möchte, spielt mit ihnen am besten ›Memory‹. Bei der Suche nach zwei gleichen Karten werden selbst kleine Kinder zu ernsthaften Konkurrenten. Sie haben nicht nur eine faire Chance, verdient zu gewinnen. Nein, häufig sind sie uns Erwachsenen sogar überlegen.

Wie sehr, hat ein amerikanisches Forschungsteam der Staatsuniversität Ohio in Columbus untersucht. Es zeigte Studierenden und Vorschulkindern, die ungefähr fünf Jahre alt waren, Bilder – ohne ihnen zu verraten, dass es dabei um einen Test ihrer Gedächtnisleistung ging. Später wurden ihnen weitere Motive vorgelegt. Die Probanden sollten sagen, ob sie das Bild bereits kannten oder nicht. Das Ergebnis: Die Kinder hatten eine 31-prozentige Treffsicherheit, die Studierenden lagen nur in sieben Prozent der Fälle richtig. Der Grund für die kindliche Überlegenheit: Erwachsene wissen bereits mehr und wenden dieses

Wissen beim Erlernen neuer Informationen an. Das episodische Gedächtnis, mit dem Menschen Erfahrungen abrufen können, wird im Laufe des Lebens komplexer. Deshalb teilen Erwachsene die Bilder beim Betrachten automatisch in Kategorien ein. Einzelheiten beachten sie kaum noch. Sie denken abstrakt. Indem sie Details ausblenden, sind Erwachsene in ihrer Wahrnehmung effizienter. Sie nehmen beispielsweise einzelne Tiere eher auf der Ebene einer Basiskategorie wie »Hund« wahr und nicht als Individuum (es sei denn, es handelt sich um ein Tier, das sie persönlich kennen). Das ist im Alltag praktisch und spart kognitive Ressourcen. Wenn beim ›Memory‹ jedoch mehrere Tiere der gleichen Kategorie im Spiel sind, wird es schwierig. Man könnte nun natürlich bewusst eine Strategie einsetzen und sich auf Details und Einzelexemplare fokussieren, aber das machen wir Erwachsenen nicht unbedingt spontan.

Kinder hingegen schauen sich Bilder viel genauer an, sie achten mehr auf Details und können sich deshalb besonders gut an sie erinnern. So merken sich Kinder beim ›Memory‹ zum Beispiel nicht »Raubtier« und verwechseln dann Leopard und Tiger. Sie merken sich die Flecken und die Streifen. Wer es sich im Spiel gegen die kindlichen

Konkurrenten besonders schwer machen will, breitet ein ›Memory‹ mit Mustern auf dem Tisch aus. Da können die Kleinen ihre Detailstärke voll ausspielen.

Es gibt aber noch einen Grund, warum Kinder im ›Memory‹ den Erwachsenen häufig überlegen sind. Genauso wichtig wie ihre Liebe zum Detail ist ihre Motivation. Kinder haben den absoluten Drang zu gewinnen. Seien wir ehrlich. Oft haben wir beim Spielen andere Dinge im Kopf. Wir sehen, dass wir einem kleinen Mitspieler die Nase putzen sollten, oder denken darüber nach, was es später wohl zum Abendessen geben könnte. Kinder hingegen vertiefen sich völlig ins Spiel. Während uns der Sieg nicht so wichtig erscheint, wollen sie nur eins: unbedingt gewinnen.

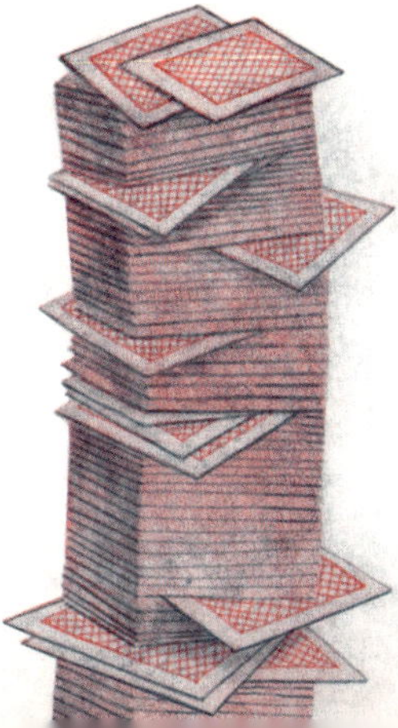

Warum lieben Kinder Reime?

Der Lyriker Peter Rühmkorf hat sich in seinem Leben viele Gedanken über die Reimkunst gemacht. Kinder hielt er für geborene Dichter. Bereits in den Schmatzgeräuschen, die Neugeborene beim Saugen an der Brust ihrer Mutter machen, meinte er, eine Art erstes Gedicht zu erkennen. Es geht ungefähr so: Hamschmam, Schmatzschmatz, Hamschmam.

Nun ja, als ich meine Töchter gestillt habe, kam mir dieser Gedanke, ehrlich gesagt, nicht. Recht hat Rühmkorf aber in jedem Fall, wenn er weiter behauptet, dass Babys, nachdem sie sechs Monate lang geschmatzt und unkontrolliert gegurrt, gejauchzt und gegurgelt haben, einen Drang zur Lautwiederholung entwickeln. Sie reimen Doppelsilben wie »dada«, »bada«, »baba«. Lallperiode heißt diese Entwicklungsphase wenig poetisch in der Wissenschaft. Babys, egal, ob sie in Peking oder Berlin aufwachsen, brabbeln immer wieder die gleichen Silben vor sich hin. Selbst Kinder, die taub sind und von Geburt an Gebärdensprache lernen, wiederholen immer wieder die gleichen Gesten. Alle machen so die ersten Sprechversuche.

Die Muttersprache zu erlernen ist ja auch kein Pappenstiel. Aus dem Nichts – die Kleinen können noch nicht einmal einen Laut bewusst formen – lernen sie innerhalb von etwa 18 Monaten, Zunge, Lippen, Kehlkopf und Stimmbänder so zu benutzen, dass verstehbare Worte aus ihnen herauskommen – von Gesabbel und Gebrabbel auf immerhin etwa 50 Wörter.

Fast alles, was Babys beschäftigt, wird erst einmal gereimt: Mama, Papa, Pipi, Kaka, Popo. Und während in Deutschland der Hund ein »Wauwau« ist, heißt er in den Niederlanden »waf waf«, in Griechenland »ghaw ghaw« und in Japan »wan wan«.

Selbst zu reimen ist Kindern weltweit in die Wiege gelegt. Sie finden es aber ebenso toll, wenn jemand für sie reimt. Mit dem Bi-Ba-Butzemann (der tanzt herum, fidebum) oder der kleinen Dickmadam (die fuhr gern mit der Eisenbahn) kann man schon kleine Babys begeistern und zum Lächeln

bringen. Sie mögen den Rhythmus der Reime und den Klang, der so eingängig ist wie der Refrain eines Popsongs. Um es noch einmal mit Rühmkorf zu sagen: Schöne Klänge wie die von Doppelsilblingen laufen offene Türen in den Ohren ein. Das empfinden auch Babys.

Ob nun gesungen (»La-Le-Lu, nur der Mann im Mond schaut zu«) oder gesprochen (»Das kleine Schaf fand keinen Schlaf, hin und her im Bett sich's warf«), die Kleinen lassen sich durch Reime auch hervorragend beruhigen. Als Eltern muss man dazu kein Wortmagier sein. Was man in den Gleichklang bringt, ist anfangs eigentlich ziemlich egal. Neugeborene erkennen zwar den Reim an seinem Rhythmus und an der Intonation, ansonsten hören sie nur aneinandergereihte Laute, wo einzelne Wörter anfangen und aufhören, begreifen sie noch nicht. Und das ist gut so. Denn was kann man von Eltern, die unter akutem Schlafmangel leiden und ein brüllendes Baby auf dem Arm herumtragen, schon erwarten? Wir haben für unsere kleine Tochter immer wieder »Kleiner, kleiner Ennibär, der Ennibär, der hat's nicht schwer« rezitiert. Es hat sie beruhigt und ihrem Wortschatz nicht nachhaltig geschadet.

Nach einiger Zeit werden Reime für die Kleinen zu Ritualen. Und sie lieben Rituale! Wenn sich –

immer wieder, ganz verlässlich – Haus auf Maus reimt, ist das herrlich vorhersagbar und gibt ihnen Sicherheit. Sie staunen aber auch über den magischen Klang. Wie schön alle Worte wie ein Puzzle zusammenpassen!

Und irgendwann fangen sie dann selber bewusst an zu reimen. Durch die ähnlich lautenden Wörter am Satzende können Kinder sich die Texte leicht merken, sich die Melodien schnell ein-

prägen. Auch wenn »Hoppe, hoppe Reiter« dann vielleicht noch wie »Oppe, oppe Eiter« klingt. Im Takt wiederholen sie immer dasselbe und werden dabei besser und besser. Das ist nicht nur gut für Sprachentwicklung, Rhythmusgefühl und logisches Denken, sondern auch fürs Selbstbewusstsein. Hört her, was ich schon kann! Was für ein Erfolgserlebnis, wenn der

Vierjährige den ganzen Text vom ›Grüffelo‹ mitsprechen kann oder ›Backe, backe Kuchen‹ aufsagt. Da klatschen Mama und Papa Applaus.

Mit Reimen kann man aber nicht nur die Erwachsenen beeindrucken, sondern sich auch von ihnen abgrenzen. Reimt sich etwas und ist dabei schön gaga, hat es gute Chancen, in das kindliche Kommunikations-Repertoire aufgenommen zu werden. »Fang mich doch, du Eierloch!« ist zum Beispiel ein Spruch, der in keinem Kindergarten fehlen darf. Ist jemand feige, bekommt er zu hören: »Angsthase, Pfeffernase, morgen kommt der Osterhase. Kommt er nicht, kommt er doch, schießt er dir ins Popoloch.« Und Verräter werden mit einem »Petze, Petze ging in Laden, wollte Schweizer Käse haben, Schweizer Käse gab es nicht. Petze Petze ärgert sich« abgestraft. Geburtstagsständchen können irgendwann nicht mehr in der ursprünglichen Fassung gesungen werden, sondern nur noch so: »Hoch soll er leben, an der Decke kleben, runterfallen, Popo knallen, in die heiße Suppe fallen.« Mit diesem quatschigen Kinderkram schaffen sich die Kleinen eine eigene Welt, in der eine Sprache gesprochen wird, die nichts für Erwachsene ist.

Und Reime können auch ein paar Dinge erträglicher machen. Zum Beispiel die langweiligen

Spaziergänge der Großen. »Ein Hut, ein Stock, ein himmelblauer Unterrock!« haben mir in meiner Kindheit beim Langstrecken-Schlendern ungeahnte Motivationsschübe gegeben. Heute habe ich diese alte Strategie für meine Kinder wiederbelebt. Wir wohnen im vierten Stock ohne Aufzug. Als die beiden noch kleiner waren, haben wir Stufe für Stufe reimend erklommen: »Eins, zwei, Polizei. Drei, vier, sind schon hier.« Meine kleine Tochter fügte dann meist so etwas wie »Fünf, sechs, regrechs« hinzu. Nein, das ergibt keinen Sinn. Aber das war ihr doch egal. Hauptsache, es klingt gut und macht Spaß.

Warum spucken Kinder beim Autofahren?

Karl Lagerfeld sagte einmal: »Wer eine Jogginghose trägt, hat die Kontrolle über sein Leben verloren.« Der Mann hatte offensichtlich keine Kinder. Jogginghosen, darüber können Eltern doch nur lachen. Wer jungen Nachwuchs hat, hat den Kampf um Kontrolle längst auf ganz anderen Ebenen verloren. An manchen Tagen wäre man froh, es überhaupt in irgendein Kleidungsstück zu schaffen, bleibt aus Zeitmangel aber im Schlafanzug. Eltern mit kleinen Kindern leben damit, sich nicht mehr in Ruhe anziehen, geschweige denn duschen zu können, nicht mehr zu schlafen, wann sie wollen, und keine Mahlzeit ungestört zu Ende einzunehmen.

Wer Pech hat, kann nicht einmal mehr nach Lust und Laune mit dem Auto fahren. Wenn der Nachwuchs Autofahren zum Brechen findet, begibt man sich nur noch in Ausnahmefällen hinters Steuer – und ist dann in steter Alarmbereitschaft. Wird das Kind auf der Rückbank ungewohnt ruhig, fängt an zu gähnen und wirkt teilnahmslos, steigt die elterliche Panik. Bricht dem Kind dann auch noch der kalte Schweiß aus und es wird blass oder rot im Gesicht, fährt man lieber schnell rechts ran und nestelt hektisch eine Tüte hervor.

Es gibt extreme Fälle: Eine Bekannte von mir vermeidet selbst kürzeste Autostrecken mit ihrer

Tochter. Zu oft hat die Kleine sich beim Autofahren übergeben – einmal in den Sportwagen ihres neuen Freundes. Ein Autoliebhaber. Fünf Minuten zum Supermarkt reichen manchmal schon aus, und auf die Nachfrage »Alles o.k.?« kommt die Antwort im Schwall. Diese Bekannte hat sich ein Lastenfahrrad zugelegt und fliegt in den Urlaub – obwohl sie früher gern stundenlang über die Autobahn nach Italien oder Österreich gebrettert ist.

Reisekrankheit oder auch Kinetose nennt man das Phänomen, wenn jemandem in Fahrzeugen kotzübel wird. Der Grund ist in allen Fällen derselbe: Das Gehirn empfängt widersprüchliche Signale, die es nicht richtig einordnen kann. Das

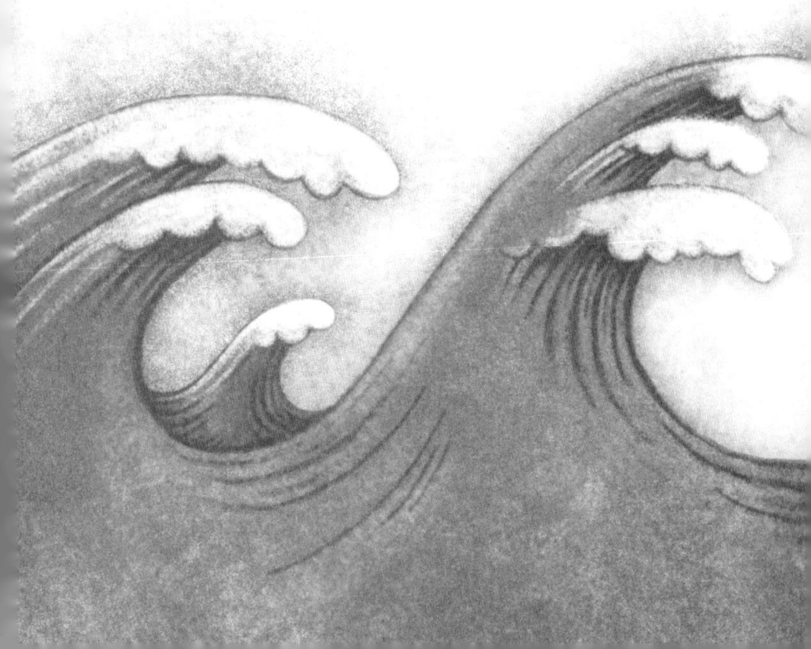

Auge meldet ihm zum Beispiel schnelle Bilder, die während der Fahrt am Fenster vorbeirauschen. Das Gleichgewichtsorgan berichtet aber, dass der Körper nur leicht bewegt wird, sofern nach einer gewissen Zeit bei gleichbleibender Geschwindigkeit kein weiterer Reiz hinzukommt. Und der Bewegungsapparat (Rezeptoren in Muskeln, Gelenken und Sehnen) übermittelt: Wir sitzen still. Besonders schlimm ist es, wenn die Fahrt über eine ruckelige Straße geht und man in ein Buch schaut. Dann nehmen die Augen das bewegungslose Schriftstück wahr, doch das Gleichgewichtsorgan meldet Bewegung.

Auch das Gleichgewichtsorgan selbst kann beim Autofahren schnell durcheinanderkommen. Während seine drei Bogengänge die Drehbewegungen registrieren, nehmen die zwei Makulaorgane lineare Beschleunigung wahr, also wenn wir vorwärts oder rückwärts fahren oder uns in einem Lift nach oben und unten bewegen. Schaukelt der Kopf wie bei einem Wackeldackel in ganz unterschiedliche Richtungen, weil es zum Beispiel in steilen Kurven über Bodenwellen geht, der Wagen abrupt bremst oder anfährt, sind das zu viele unterschiedliche Informationen auf einmal.

Ungewohnte Bewegungen und widersprüchliche Wahrnehmungen – das alles ist verwirrend fürs Gehirn. Es reagiert auf die Fehlermeldung mit Schwindel. Und Schwindel ist immer ein Warnsignal: Achtung, wir sollten diese Gefahrensituation, in der wir uns offensichtlich befinden, verlassen! Passiert das nicht, weil man im fahrenden Auto sitzen bleibt, nimmt der Körper an: Wir haben vielleicht etwas Giftiges gegessen (natürliche Gifte wirken ähnlich auf das zentrale Nervensystem). Der Körper beginnt zu schwitzen und zu zittern. Das Brechzentrum meldet an den Magen: Bitte entleeren! Was dieser dann auch macht. Bei Kindern schneller mal, da ihr Magen noch sehr empfindlich ist und auf körperliche und psychische Befindlichkeiten unmittelbar reagiert.

Prinzipiell läuft die Reisekrankheit aber bei Erwachsenen genauso ab. 90 Prozent der Menschen ist unterwegs schon einmal übel geworden, wobei etwa zehn Prozent besonders stark darunter leiden und rund 15 Prozent weitgehend unempfindlich sind. Frauen trifft es öfter als Männer – warum, ist noch unbekannt; möglicherweise liegt es am weiblichen Hormonhaushalt. Die größte Patientengruppe jedoch sind Kinder.

Dafür gibt es verschiedene Gründe. Zum Beispiel sitzen Kinder im Auto niemals am Steuer, sie sind also nicht Bestimmer des Geschehens (anders als zum Beispiel beim Schaukeln, siehe

»Warum schaukeln Kinder so gern und unermüdlich?«). Dem Fahrer ist so gut wie nie übel. Er hat Sicht auf die Straße und sein Gehirn kann die Information »Aha, wir fahren, obwohl der restliche Teil des Körpers stillsitzt« viel leichter verarbeiten. Außerdem sieht er genau, was er tut. Wenn es in eine Kurve geht, lehnt er sich mit rein. Und er ist natürlich darauf vorbereitet, wenn er bremst. Das zum Brechen neigende Kind sollte daher am besten den Co-Piloten-Platz einnehmen oder zumindest auf der Rückbank in der Mitte sitzen, damit es durch die Frontscheibe die Straßenlage sehen kann und den Horizont als Orientierung hat.

Zwischen zwei und zwölf Jahren wird Kindern auf Reisen besonders häufig schlecht. Denn das Gleichgewichtssystem reift in dieser Zeit und die Verbindungen zum Zentralen Nervensystem werden gebahnt und verknüpft. Das Gehirn empfängt immer wieder neue Zusatzinformationen, die es zu deuten lernen muss.

Um die brechreizende Zeit für Kinder und Eltern erträglicher zu machen, kann man einiges ausprobieren. Zum Beispiel lohnt es sich, die Reisezeiten an die Schlafzeiten der Kinder anzupassen. Schlaf ist bei Übelkeit im Auto die beste Medizin. Sind die Augen zu, melden sie keine widersprüchlichen Informationen ans Gehirn. Wachen Auto fahrenden Kindern sollten Eltern vor einer längeren Fahrt besser keine Milch geben. Davon wird manchen anscheinend übel. Andere vertragen es nicht, wenn die Luft im Auto schlecht ist. Also keine penetranten Duftbäumchen aufhängen und immer ein Fenster einen Spalt geöffnet lassen, damit frische Luft hereinkommt. Auch gut: Ablenkung. Nicht durch ein Buch oder ein iPad auf dem Schoß, das verstärkt nur die visuelle Verwirrung. Sondern mit Hörgeschichten oder – noch besser – mit kleinen Spielen, bei denen die Kinder aus dem Fenster schauen müssen, wie zum Beispiel beim Kühezählen oder bei der Suche nach Lastwagen auf der Straße. Medikamente unterdrücken den Brechreiz, haben aber Nebenwirkungen. Ingwer und Salmiak sollen ebenso gegen Übelkeit helfen, schmecken aber nicht jedem. Armbänder, die auf einen Akupressur-Punkt am Handgelenk drücken, kann man ebenfalls ausprobieren. Auf dem Weg zurück zu mehr Kontrolle über ihr Leben werden Eltern wohl nichts unversucht lassen. Auch wenn sie – selbst bei Erfolg! – vielleicht immer noch in der Jogginghose hinterm Steuer sitzen.

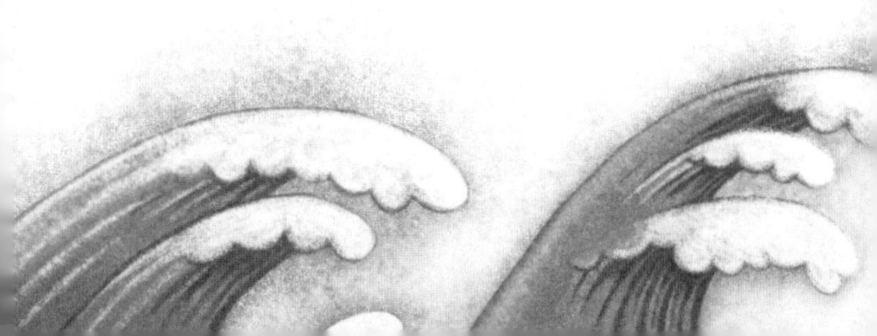

Warum schreien Babys immer zur gleichen Zeit am Abend?

Eine Freundin von mir bekam kürzlich ein Kind. Ihr erstes. Ich wollte den Nachwuchs unbedingt kennenlernen, rief sie also nach ein paar Wochen an und fragte, ob ich nach der Arbeit mal zur Babyschau vorbeikommen könnte. »Nach der Arbeit?!« Sie klang so entsetzt, als hätte ich vorgeschlagen, mit dem Säugling Bungeespringen zu gehen. Sie winkte ab: »Ab 18 Uhr geht bei uns gar nichts mehr.« Der Kleine würde jeden Abend wie am Spieß schreien.

Ach ja! Ich erinnerte mich wieder: In den ersten Monaten nach der Geburt meiner Töchter war es bei uns genauso gewesen. Immer dasselbe Spiel. Am Abend fingen die Mädchen an zu schreien. Abwechselnd drehten mein Freund und ich mit Baby auf dem Arm Runden um den Esszimmertisch. Wir wiegten, streichelten, wippten, sangen. Nichts half. Nur beim Stillen war kurz Ruhe. Mit vollem Mund kann man schlecht schreien. Doch dann ging es weiter. Und irgendwann – meist ganz plötzlich – war der Spuk vorbei.

Meine Hebamme nannte es den Abendschrei. »Was – dafür gibt es sogar einen Namen?«, fragte meine Freundin. »Warum sagt einem denn keiner was davon?« Tatsächlich hatte mich dieses Phänomen damals auch ziemlich überrascht. Deshalb an dieser Stelle an alle frischgebackenen Mütter

und Väter, an Schwangere und Menschen, die irgendwann Eltern werden wollen: Nehmt euch in den ersten Wochen mit dem Baby abends besser nichts vor. Und bewahrt trotz des Geschreis die Nerven. Es ist eine Phase – und die geht vorbei.

Alle Babys dieser Welt schreien vor allem in den Abendstunden. Zwischen 17 und 22 Uhr absolvieren sie fast die Hälfte ihres gesamten Tagespensums. Ungünstigerweise also zu einer Zeit, in der man sich nicht mehr fit wie ein Turnschuh fühlt, sondern eher wie ein alter Pantoffel, den jemand in die Ecke gekickt hat.

Das abendliche Schreispektakel beginnt, wenn die Babys ungefähr zwei Wochen alt sind. Ein bis drei Stunden lang befällt sie eine geheimnisvolle Unruhe, sie quengeln, weinen und brüllen. Die Schreidauer erreicht ihren Höhepunkt fast immer im zweiten Monat. Bis zum dritten Monat lässt der abendliche Aufstand bei den meisten Kindern dann nach.

Dass Babys schreien, dürfte niemanden überraschen. Dafür sind sie bekannt. Tagsüber haben sie aber in der Regel ganz passable Laune. Und wenn sie laut werden, dann meist aus gutem Grund. Wer so mobil wie ein Käfer ist, der auf dem Rücken liegt, muss auf sich aufmerksam machen, wenn er ein Problem hat und Hilfe braucht. In den ersten Lebensmonaten sind das in erster Linie Hunger, Durst, Müdigkeit, nasse Windel, Schreck, Schmerzen. Manchmal ist den Kleinen auch zu warm oder zu kalt, die Umgebung erscheint ihnen zu laut, zu hell, zu wuselig. Manchmal verspüren sie ein Bedürfnis nach Nähe oder einfach Langeweile. So oder so, das Schreien signalisiert: Jemand soll kommen und herausfinden, was das Anliegen des Babys ist.

Das abendliche Schreien jedoch ist anders. Es gibt keinen erkennbaren Grund dafür. Wäre ja auch seltsam, wenn das kindliche Problem immer zur gleichen Zeit am Tag auftreten und nach ein paar Stunden – egal was man unternimmt – wieder verschwinden würde. Selbst wenn das Kind satt, ausgeschlafen, wohltemperiert und schmerzfrei ist, zappelt es unruhig wie ein Fisch an Land, quengelt und schreit ausdauernd.

Die Frage nach dem Warum ist nicht einfach zu beantworten. Selbst Expertinnen und Experten können dieses Phänomen bisher nicht eindeutig erklären. Und so gibt es unzählige Theorien, die unter übermüdeten und erschöpften Eltern weitergereicht werden. In vielen dieser Vermutungen spielt die Verdauung der Kleinen eine zentrale Rolle. Schließlich findet die Nahrungsaufnahme überwiegend tagsüber statt, belastet dann den Darm und sorgt möglicherweise abends bei dem Kind für Probleme. Mir wurde als stillende Mutter davon abgeraten, Zwiebeln, Lauch, Kohl, Erbsen, Bohnen oder Brokkoli zu essen. Dieses blähende Gemüse sorge dafür, dass meine Muttermilch beim Kind Bauchschmerzen verursache. Das klang für mich irgendwie nachvollziehbar. Versuche mit Müttern, die ihre Ernährung daraufhin umstellten und ein paar Tage lang ein Schreiprotokoll führten, ergaben jedoch, dass diese Art von Stilldiät keinen Unterschied macht. Trotzdem hält sich dieser Glaube hartnäckig und nimmt zum Teil absurde Formen an. Eine Mutter aus meiner Krabbelgruppe verzichtete sogar auf Mineralwasser – wegen der Kohlensäure. Wie die allerdings in die Muttermilch gelangen sollte, bleibt wohl ihr Geheimnis.

Milch hat aber wahrscheinlich auf andere und wissenschaftlich bewiesene Art und Weise etwas mit dem Aufruhr am Abend zu tun. Da Säuglinge mit einer unreifen Darmflora auf die Welt kommen, die sich erst entwickeln muss, kann die Verdauung einem Säugling Schmerzen bereiten. Untersuchungen haben gezeigt, dass Babys, die besonders viel schreien, im Vergleich zu anderen eine weniger gut entwickelte Darmflora haben. Ob man die Schreidauer der Kinder möglicherweise mit einer Gabe von probiotischen Bakterien verkürzen kann, wird derzeit noch erforscht. In seltenen Fällen reagieren Kinder allergisch auf Kuhmilcheiweiß (auch wenn es über die Muttermilch in den Säugling gelangt). Besteht der Verdacht, muss ein Arzt dies klären.

Aber nicht nur der Darm ist bei Säuglingen anfangs unausgereift. Der amerikanische Kinderarzt Harvey Karp bezeichnet die ersten drei Lebensmonate eines Kindes als viertes Schwangerschaftstrimester, in dem die Kleinen eigentlich noch in den Mutterleib gehörten. Doch um mit dem Kopf durch den Geburtskanal zu passen, müssen sie frühzeitig den Bauch verlassen und draußen nachreifen. Das ist dem rasanten Gehirnwachstum geschuldet. Innerhalb von sieben Millionen Jahren hat sich die Größe des menschlichen Gehirns verdreifacht. Und da die Neugeborenen noch nicht bereit für die Welt seien, so Karp, fühlten sie sich von den vielen Eindrücke des Tages überfordert. Und schreien.

Wenn sie könnten, kröchen sie am liebsten zurück in Mamas Bauch, in diesen kuschelig engen, warmen Ort, in dem sie so schön geschaukelt wurden. Karp empfiehlt deshalb, die Bedingungen im Mutterleib für den Säugling möglichst gut zu imitieren. Man soll ihn pucken, also eng

in ein Tuch wickeln, beruhigend hin- und herschaukeln und das Rauschen im Uterus nachahmen. Am besten, indem man direkt ins Babyohr »Schhh-schhh-schhh«-Laute macht, die nach einer sehr langsamen Eisenbahn klingen oder nach einem Ballon, aus dem die Luft entweicht. Ob das wirklich hilft, ist wissenschaftlich nicht bewiesen. Es auszuprobieren, schadet sicherlich nicht. Mein Freund hat das bei unserem ersten Kind ständig gemacht.

Nur panisch sollte man nicht werden. Aus Angst davor, ihr Baby zu überreizen, vermeiden manche Eltern alles, was es aus der Ruhe bringen könnte – viele Menschen, wilde Kinder, Straßenlärm. Aus eigener Erfahrung kann ich dazu nur sagen: Es gab Tage, an denen ich mit meinen Töchtern, als sie noch Säuglinge waren, nicht das Haus verlassen habe und vor Langeweile fast gestorben wäre – trotzdem hatte ich abends ein brüllendes Bündel auf dem Arm.

Luft im Bauch, zu viele Eindrücke, der Wunsch, zurück in den Mutterleib zu kriechen – das seien vor allem »Alltagstheorien«, meint Oskar Jenni, Leiter der Abteilung Entwicklungspädiatrie am

Kinderspital Zürich. Ein von ihm beschriebenes Erklärungsmodell hingegen ist wissenschaftlich gut belegt. In Jennis »Jetlag-Theorie« spielt die innere Uhr eine wichtige Rolle. Sie sitzt im Zwischenhirn und steuert bereits bei Säuglingen nicht nur den Schlaf-Wach-Rhythmus, sondern auch andere körperliche Funktionen wie Temperatur oder Blutdruck. Obwohl man es anders erwarten würde, sorgt unsere innere Uhr dafür, dass wir morgens müde sind und abends wach werden. Das kann man zum Beispiel an der Körpertemperatur oder dem Herzschlag ablesen. Je wärmer unser Körper ist und je schneller unser Herz schlägt, umso wacher sind wir. Beides nimmt zum Abend hin zu und im Laufe der Nacht wieder ab. Unser Körper scheint also geradezu dafür angelegt zu sein, dass wir uns vor dem Schlafen noch einmal viel bewegen und wach sind, damit wir danach die Nacht gut durchschlafen.

Mit dieser Wachheit am Abend können wir Erwachsenen ganz gut umgehen, weil wir im Laufe des Tages eine Schlafschuld ansammeln. Bei uns funktioniert die sogenannte Schlafhomöostase. Sie wägt den Bedarf des Körpers nach Schlaf ab, je nachdem wie lange wir schon wach gewesen sind. Das heißt: Wenn wir zu wenig schlafen, reichern sich Schlafstoffe wie der Neurotransmitter

Adenosin im Gehirn an. Das erhöht dann den Schlafdruck. Wir erreichen deshalb am Ende des Tages eine gewisse Müdigkeit, die die abendliche Wachheit unterdrückt. Bei Säuglingen funktioniert das in den ersten Wochen noch nicht. Das erkennt man unter anderem daran, dass die Kleinen, selbst wenn sie einmal ungewohnt lange am Stück wach waren, danach nicht besonders lange und tief schlafen – zum Leidwesen der Eltern, die sich das erhoffen. Ohne Schlafdruck sind die Kleinen abends einfach nur furchtbar wach (so wie jemand, der unter Jetlag leidet) und völlig überreizt (weniger von der Außenwelt als vielmehr von sich selber).

Dagegen kann man wenig machen. Man muss abwarten, versuchen, das Kind zu beruhigen – und selber ruhig bleiben. Brüllende Babys sind Nerven zerfetzend wie eine Alarmanlage, die man nicht ausstellen kann. Und es ist schwer, dem Kind nicht irgendwann sein Gebrüll übel zu nehmen. Für ein ungetrübtes Verhältnis zwischen dem kleinen Schreihals und seinen Eltern wäre es daher durchaus hilfreich, wenn eine Freundin nach der Arbeit doch noch einmal vorbeikäme, um das Kind mitzuschaukeln. Nur sollte man ihr das mit dem Abendschrei vorher vielleicht noch einmal erklären.

Warum sind Kinder von Verletzungen fasziniert?

Kinder verletzen sich. Ständig. Ihre Knie tragen Asphaltspuren, die Schienbeine sind blau, Beulen am Kopf stammen von Tischkanten, Klettergerüsten, Bettpfosten. Die von manchen Eltern gern zur Beruhigung als »kleine Auas« verniedlichten Blessuren sind für Kinder eine große Sache.

Erst kürzlich zeigte mir ein Junge in der Kita meiner Tochter seine frische Wunde. Ich kannte nicht einmal seinen Namen. Er streckte mir seinen Arm entgegen, darauf ein blauer Fleck, den in der Mitte eine rote Schramme durchzog. Sie suppte noch ein wenig. Von der höchsten Stufe der Leiter an der Rutsche sei er am Morgen gefallen. »Mannomann! Und hast du geweint?« »Ja, sehr«, antwortet er mit einem so ernsten Blick, als würde er von seinen Erfahrungen im Krieg erzählen.

Kinder tragen ihre Wunden voller Stolz und Würde. Verletzungen erinnern sie an eine schwierige Situation, die sie meistern mussten, nach der sie sich die Krone gerichtet und weitergemacht haben. Sie lassen sie zum Beispiel daran zurückdenken, wie sie mit dem Laufrad gegen eine Wand gekracht sind, weil die Vollbremsung nicht geklappt hat – und wie sie dann wieder aufgestiegen und weitergeradelt sind. Die fette Schramme am Bein ist nun Zeugnis eines nervenkitzelnden

Abenteuers, von dem man erzählen kann, ja: muss, um eine Prise Dramatik ins wohlbehütete Kinderleben zu bringen.

Doch was für die einen ihr ganzer Stolz, kann für die anderen der Beweis des Versagens sein. Einer Mutter, deren Söhne wirken, als seien sie aus einer Kreuzung der Huberbuam mit den Klitschko-Brüdern entstanden, ist es jedes Mal furchtbar peinlich, wenn eins ihrer Kinder sich beim Arzt für eine Untersuchung ausziehen soll. Sie befürchtet, beim Anblick der zerschundenen Arme und Beine könnte der Arzt sofort das Jugendamt benachrichtigen.

Schrammen, Beulen und blaue Flecke an Kinderkörpern wollen Eltern heute lieber vermeiden. Sie setzen ihrem Nachwuchs auf dem Spielplatz Helme auf, lassen ihn nicht zu hoch klettern oder zu tief springen. Sie sichern Tischkanten und Schrankecken. Ach, eigentlich würden sie das ganze Kind am liebsten mit Styropor umwickeln. Der britische Soziologe Frank Furedi hat ein ganzes Buch darüber geschrieben mit dem Titel: ›Die Elternparanoia‹.

Früher sah man in Kindern starke und widerstandsfähige Wesen. Heute gelten sie als zerbrechlich wie Glasknochen. Dabei sollten sie ein Recht auf Blessuren haben. Das sehen – zumindest in der Theorie – immer mehr Erwachsene ein und plädieren dafür, Schrammen, Kratzer, Platzwunden und selbst Knochenbrüche als normalen Teil einer Kindheit zu akzeptieren. Entwicklungspsychologen vermuten sogar, dass die Konfrontation mit einem gewissen Maß an Gefahr notwendig ist, damit aus den Kleinen keine großen Angsthasen werden, die Risiken, Situationen und ihre eigenen Fähigkeiten überhaupt nicht einschätzen können. Die norwegische Psychologin Ellen Sandseter schlussfolgerte aus Beobachtungen auf Spielplätzen in Norwegen, England und Australien zum Beispiel, dass Höhenangst verstärkt bei Kindern vorkomme, die selten Gelegenheit hätten, mal ein wenig höher zu klettern. Kinder, die schon einmal aus größerer Höhe gestürzt seien, hätten dagegen weniger Angst.

Ein Kind wächst Schritt für Schritt, oder Sturz für Sturz, über sich hinaus, lernt, sich geschickt zu bewegen und sich nicht ernsthaft zu verletzen. Eltern sollten ihrem Nachwuchs deshalb etwas zutrauen. Mal was wagen, mal ein Risiko eingehen, mal schauen, wo die eigenen Grenzen liegen. Natürlich ohne ihn in Gefahr zu bringen.

Beulen und Schrammen sind Trophäen – keine Dramen. Also: tief durchatmen, Augen zu, die Kinder machen lassen. Und für alle Fälle mit einem Pflaster parat stehen. Denn ein weiterer Grund, warum Kinder sich für Verletzungen interessieren, ist die Aufmerksamkeit, die sie für sie bekommen. Außerdem vermitteln Rituale beim Trösten (Singen, Pusten, Streicheln) ein Gefühl von Aufmerksamkeit und Geborgenheit – dafür würden Kinder quasi alles tun. Wer einmal darauf achtet, wird überrascht sein, wie häufig Kinder nach einem Sturz erst überprüfen, ob Mama und Papa auch gucken, bevor sie so losjammern, dass

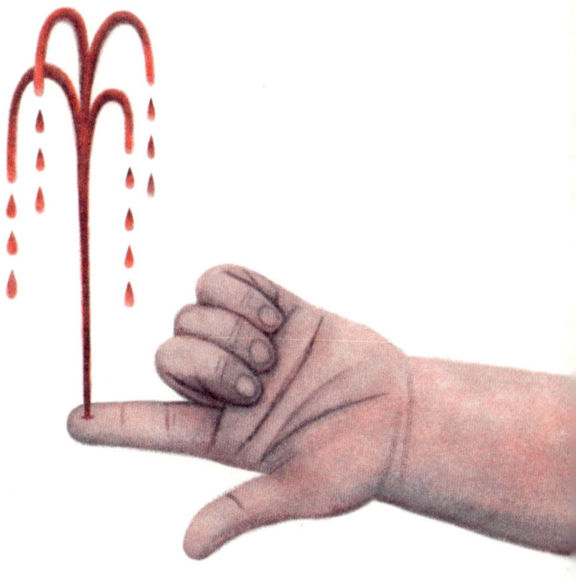

selbst Neymar noch etwas für seine Schwalben lernen kann.

Auf die Frage, warum sie ihre Blessuren so gern präsentiert, sagte die Vierjährige einer Bekannten: »Ich möchte, dass jemand mir ein Pflaster holt. Dann sieht es nicht mehr so eklig aus, sondern schön. Wie bei einer Prinzessin.« Ein Pflaster ist vor allem ein Trostpflaster. Außerdem ist es eine lang anhaltende und gut sichtbare Auszeichnung für Wagemut und Tapferkeit sowie der Beweis dafür, dass Erwachsene das Kind ernst nehmen. Wenn nach einem echten Sturz nur der Kommentar kommt, »Das ist doch halb so wild« oder – noch schlimmer – »Ein Indianer kennt keinen Schmerz«, ist das für ein Kind so enttäuschend wie ein Freibadbesuch ohne Eiscreme.

Kinder sind aber nicht nur von den eigenen Verletzungen und Narben fasziniert. Schneidet sich jemand anderes in den Finger, scharen sich die Kleinen sofort wie blutrünstige Haie um den Verletzten. »Zeig mal, das muss ich sehen!« Auch für einen Leberfleck können Kinder sich begeistern. »Was hast du da?« »Warum hast du den?« Unbändige Neugier. Der Körper ist für Kinder ein Wunderwerk. Sie wollen wissen, wie er funktioniert und was er alles kann. Wachsen Haare wirklich nach, wenn man sie mit einer Papierschere abschneidet? Wie weit kann man seine Zehen wohl verbiegen? Und was passiert mit Haut, wenn sie kaputtgeht?

Kinderhaut ist im Idealfall für eine lange Zeit makellos: glatt und unbefleckt. Als meine Tochter sich zum ersten Mal in die Hand schnitt, fühlte es sich für mich wie der Moment an, in dem die Folie von einem neuen Nutella-Glas gezogen und das Messer in die Nusscreme getaucht wird. Es war ein einschneidendes Erlebnis. Und meine Tochter erzählt noch heute gern davon.

Warum popeln Kinder ungehemmt?

Auf diese Frage gab die kleine Tochter meiner Kollegin eine kurze und klare Antwort: »Da ist immer so viel drin. Und das schmeckt so gut.« Ich hoffe, es ist in Ordnung, dass ich sie hier zitiere. Noch ist es ihr augenscheinlich zumindest ziemlich egal, dass Menschen von ihrer Popel-Leidenschaft wissen und sie live miterleben. Ob sie mit ihrer Mutter im Supermarkt an der Kasse steht, mit einer Freundin Prinzessinnen spielt oder die ganze Familie am Abendbrottisch sitzt, sie bohrt gern mal eine Runde. Und sie geht dabei sehr engagiert vor: Finger einführen, nach vorn und nach rechts bewegen, dann noch mal nach links, so arbeitet sie sich zunächst an der Nasenscheidewand entlang. Stößt sie dann auf etwas, hakt sie nach, zieht es heraus und examiniert genau, was sie gefunden hat. Interessant, was diesmal drin war. Und: Wie das wohl schmeckt? Das Ganze hat etwas von ›Jugend forscht‹.

Kleine Kinder, wie die Tochter meiner Kollegin, haben kein Problem mit dem offenen Popel-Vollzug. Sie denken sich nichts dabei. Warum auch? In der Nase zu bohren, ist für die Gattung Mensch ja eigentlich etwas ganz Natürliches. Wir gehören – wie die Affen und Koboldmakis – zu den Trockennasenprimaten, und die haben im Gegensatz zu den Feuchtnasenprimaten (oder auch Hunden und Katzen) keinen Nasenspiegel, also nasskalte Schleimhäute, die rund um die Nasenlöcher liegen und den vorderen Teil der Nase feucht halten. Unser Nasensekret trocknet und bildet zusammen mit Staubpartikeln Klumpen. Da der Mensch sehr empfindlich ist, wenn ein Fremdkörper den Luftstrom in seiner Nase stört, holt er heraus, was da nicht reingehört, und entsorgt es im natürlichen Abfalleimer. Dem Mund. Da Popel oft angenehm salzig oder süßlich schmecken, werden sie nicht ausgespuckt, sondern landen immer wieder auf der Zunge. So einfach und eklig ist das. Ein ganz normaler Akt der Körperhygiene. Nun könnte man, um seine Nase zu reinigen, auch vornehm ins Taschentuch schnäuzen. Tatsächlich ist das aber nicht die effektivste Lösung. Der Finger ist das perfekte Werkzeug zum Popelentfernen.

Und Nasebohren kann auch ein Selbstberuhigungsritual sein, ähnlich wie sich selbst zu streicheln oder am Daumen zu lutschen. Vermutlich erzeugt man mit diesen Tätigkeiten einen vorhersagbaren sensorischen Input. Und da das Gehirn ständig damit beschäftigt ist, Vorhersagen zu treffen, führen Popeln oder Daumenlutschen wahrscheinlich einen angenehmen, weil energiesparenden Zustand herbei. Der Finger wandert zur Entspannung also in aufregenden Momenten ins Nasenloch, das kann sogar etwas Meditatives haben. Ein erwachsener und in der Öffentlichkeit stehender Stressbohrer ist Bundestrainer Joachim Löw. Während andere in spannenden Spielminuten auf der Trainerbank Nägel kauen oder sich die Haare raufen, fummelt er in der Nase herum. Finger rauf, Emotionen runter.

Die Wahrscheinlichkeit, dass die Tochter meiner Kollegin mit 15, 20 oder selbst 70 Jahren noch popeln wird, ist ziemlich groß. Es gibt zwar nicht viele Studien über die Verbreitung des Nasebohrens, aber in den 1990er-Jahren fragten Forschungsgruppen der Dean Foundation for Health, Research and Education in Wisconsin 1000 Erwachsene danach, ob und wie viel sie in der Nase bohrten. Nur 245 wollten überhaupt Auskunft geben. Von denen outeten sich immerhin 91 Prozent als regelmäßige Popler. Laut deutscher HNO-Expertise müsste eine Umfrage hierzulande ähnliche Ergebnisse liefern. Darüber, wie viele Menschen ihre Popel essen, gibt es meines Wissens keine Erkenntnis. Aber da es sogar den Fachbegriff Mukophagie dafür gibt … Nun ja.

Wir popeln also fast alle. Aber ab einem gewissen Alter machen wir es heimlich. Popeln ist in unserer Gesellschaft schließlich ein Tabu, so wie

Fußpilz oder Senioren, die Sex haben. Eine ganze Folge der US-amerikanischen Serie ›Seinfeld‹ handelt davon, dass Hauptfigur Jerry dabei beobachtet wird, wie er sich im Auto an der Ampel wartend an die Nase fasst. Danach versucht er 20 Minuten lang, sich wieder gesellschaftsfähig zu machen, indem er beteuert: Ich habe wirklich nicht gepopelt.

Im Vorschulalter beginnen Kinder, erste soziale Konventionen zu lernen. Und es gibt ja so einige Verhaltensregeln: Füße nicht auf den Tisch legen, nicht auf den Boden spucken, nicht Scheiße sagen (Kaka hingegen ist ok), nach dem Toilettengang Händewaschen nicht vergessen, nicht am Pipimann rumspielen.

Würden wir nicht in der westlichen Welt, sondern zum Beispiel in einem isolierten Ureinwohnerstamm im brasilianischen Amazonas-Gebiet leben, fänden wir das alles wahrscheinlich gar nicht so schrecklich. Dafür wären andere Dinge unfein. Und manchmal müssen die Normen der Erwachsenen auf die Kleinen in der Tat etwas willkürlich wirken: Rülpsen und pupsen zum Beispiel schickt sich eigentlich nicht, aber wenn man noch klein und niedlich ist, finden es die Eltern manchmal ganz süß und der große Bruder lacht sich schlapp darüber.

Wir müssen dem popelnden Kind also erst mal erklären, wie das hier, in unseren Kreisen, so gehandhabt wird. Bis der Nachwuchs unsere Regeln wirklich verinnerlicht hat, kann es ein bisschen dauern. Ein »Hör bitte auf, in der Nase zu bohren!« führt zwar in der Regel dazu, dass das Kind den Finger aus der Nase zieht. Aber im nächsten Moment steckt er schon wieder drin. Das ist in den meisten Fällen kein Akt der Provokation. Die Kleinen geben einfach einem Reflex nach, den wir als niveauvolle Nasenbohrer unterdrücken.

Warum sind Geschwister meist so verschieden?

Beginnen wir mit einer Gegenfrage: Warum nehmen wir eigentlich an, dass Geschwister sich ähnlicher sind als andere, wahllos aus der Menge gegriffene Kinder? Wahrscheinlich zum einen, weil sie aus demselben Bauch geschlüpft sind und sich die Gene ihrer Erzeuger teilen. Zum anderen wachsen sie gemeinsam in einer Familie auf, also in einem ähnlichen Umfeld, und werden von denselben Eltern erzogen. Da kann man doch wohl annehmen, dass auf diesem Wege ein paar in etwa gleich geratene Kinder entstehen. Umso überraschter sind Eltern, wenn sie sich ihren Nachwuchs anschauen: Äußerlich mögen sie sich gleichen wie die Jacob Sisters, ihre Persönlichkeiten entsprechen aber häufig eher denen von Tom und Jerry. Auch Tests ergaben, dass Geschwister (eineiige Zwillinge ausgenommen) sich in Bezug auf ihren Charakter nicht ähnlicher sind als gleichaltrige Kinder aus verschiedenen Familien. Aber warum ist das so?

Fangen wir mit den Genen an. Tatsächlich sind Persönlichkeitsmerkmale vererbbar. Das heißt, es ist uns ein Stück weit in die Wiege gelegt, ob wir gesellig oder zurückhaltend sind, neugierig oder vorsichtig, ängstlich oder sorgenfrei, schüchtern oder selbstsicher. Die eine Hälfte seiner Gene erbt der Nachwuchs vom Vater, die andere von

der Mutter. Die Mischung ist dann allerdings bei jedem Geschwisterkind anders. Im Schnitt stimmen etwa 50 Prozent des Erbguts überein. Im Schnitt! Im Einzelfall variiert es zwischen 25 und 75 Prozent. Diese Abweichung ist aus evolutionärer Sicht sinnvoll. Hat jedes Kind in einer Familie möglichst unterschiedliche Erbanlagen, ist die Chance größer, dass zumindest eines bei widrigen Umständen – Krankheiten, extremem Klima, mangelnder Ernährung – überlebt und die Sippe weiterführt.

Die Gene sorgen also nur bedingt dafür, dass Geschwister einen ähnlichen Charakter haben. Und die Tatsache, dass sie gemeinsam aufwachsen, macht sie ebenfalls nicht gleich. Das Gegenteil ist sogar der Fall. In einer Familie groß zu werden, ist geradezu eine Garantie dafür, dass die Persönlichkeiten von Brüdern und Schwestern sich unterschiedlich entwickeln. Besonders gut kann man das bei Untersuchungen mit eineiigen Zwillingen erkennen, die mit identischen Erbanlagen und Persönlichkeitsmerkmalen auf die Welt kommen. Wachsen sie gemeinsam auf, sind ihre Interessen und Charaktere unterschiedlicher, als wenn sie nach der Geburt getrennt wurden. Denn nüchtern betrachtet sind Geschwister vor allem eins: Rivalen (siehe »Warum streiten Geschwister sich andauernd?«). Früher konkurrierte der Nachwuchs einer Familie in

erster Linie um Nahrung und Sicherheit, es ging ums nackte Überleben. Heute kämpfen Brüder und Schwestern vornehmlich um die Liebe, Zeit und Aufmerksamkeit ihrer Eltern. Damit sie sich beim Buhlen um die elterliche Gunst nicht in die Quere kommen, grenzen sie sich – bewusst oder unbewusst – voneinander ab. Vor allem, wenn der Altersunterschied gering ist und die Geschwister das gleiche Geschlecht haben, ist der Drang groß, anders als der oder die andere zu sein. Jedes Kind sucht sich deshalb eine Nische. Das minimiert den Wettbewerb. Wird der große Bruder zum Beispiel ständig dafür gelobt, wie toll er schon erzählen kann und wie viele Wörter er kennt, dann lohnt es sich vermutlich nicht, dagegen anzurezitieren. Also tut die kleine Schwester sich vielleicht eher als Athletin hervor oder heischt mit schönen Bildern Lob und Anerkennung ein. Es gibt zwar Ausnahmen wie die gemeinsam zaubernden Ehrlich Brothers oder die rasenden Schumacher-Brüder, in der Regel fällt es Kindern aber schwer, neben sich einen direkten Konkurrenten in der Familie zu dulden. Geschwister suchen sich daher Interessen, mit denen sie – und nur sie – glänzen können. Außerdem sichern sie sich eine einzigartige Position im Familiengefüge – sie sind der Clown, der Moderator, der Ruhepol.

Lange Zeit hieß es, dass die Geburtenrangfolge die Rollenverteilung vorgebe und so die Persönlichkeit von Menschen sogar bis ins spätere Liebes- und Berufsleben hinein präge. Dabei sei der Erstgeborene stets der Tüchtige mit viel Verantwortungsbewusstsein, Durchhaltevermögen und Machtstreben. Das Sandwichkind könne gut mit Konflikten umgehen, sei selbstständig und diplomatisch, das Nesthäkchen dagegen risikofreudig und immer offen für Neues. Klingt nachvollziehbar. Inzwischen wurde diese Theorie allerdings durch viele Studien widerlegt. Als wievieltes Kind man in eine Familie hineingeboren wird, hat keinen systematischen Einfluss auf die Persönlichkeit. Es ist eher so: Sind der Bruder oder die Schwester besonders brav und gehorsam, dann werden die Nächstgeborenen wahrscheinlich nicht in deren Fußstapfen treten, sondern zum kleinen Dickkopf oder zur Rebellin werden.

Aber nicht nur die Kinder suchen sich ihre Nische, die Eltern weisen ihnen auch eine Rolle zu. Sie vergleichen ihre Sprösslinge und drücken ihnen – meist unbewusst – Stempel auf. Selbst minimale Unterschiede zwischen Geschwistern werden aufgeblasen, bis sie wie ein gut sichtbarer Ballon über dem Kind schweben. Nehmen wir zum Beispiel einmal an, Eltern haben einen ruhigen Sohn, den man fast schon phlegmatisch nennen könnte. Er schreit wenig, macht wenig, fordert wenig ein. Dann bekommen sie eine Tochter, die agil ist und einen gesunden Willen an den Tag legt. Gemessen an ihrem Bruder und in den Augen der Eltern wirkt sie wild, fordernd und kompliziert, obwohl sie das verglichen mit anderen Kindern gar nicht ist. Aber durch die Reaktion der Eltern verstärken sich die Eigenschaften dann tatsächlich.

Eltern stecken ihre kleinen Mitbewohner nicht nur automatisch in Schubladen, sie behandeln und erziehen sie zudem unterschiedlich – selbst, wenn sie das gar nicht möchten. Denn alle Kinder haben nun einmal verschiedene Temperamente, Wünsche und Interessen, auf die man anders eingehen muss. Außerdem werden Eltern mit den Jahren und mit jedem Kind routinierter. Positiv gewendet: Sie gehen entspannter mit vollen Windeln und Wutausbrüchen um. Im negativen Sinne werden sie nachlässiger und verlieren an Elan. Während das erste Kind noch selbst gestampften Brei serviert bekam und zum Baby-Yoga und zur musikalischen Früherziehung geschoben wurde, kauft man für Nummer zwei nur mehr Gläschen im Supermarkt und liegt mit ihm viel auf der Couch herum. Nummer eins muss eh gleich wieder aus der Kita abgeholt werden.

Geschwister wachsen also keineswegs unter den gleichen Bedingungen auf, sie machen innerhalb – und natürlich außerhalb – der Familie ganz unterschiedliche Erfahrungen. Wer mehrere Kinder hat, lebt daher mit einer bunten Mischung an Minderjährigen zusammen. Lauter kleine Originale. Alles andere wäre auch langweilig.

Warum lieben Kinder Sand?

Diese Frage kann niemand besser beantworten als Joachim Ringelnatz. Deshalb:

Das Schönste für Kinder ist Sand.
Ihn gibt's immer reichlich.
Er rinnt unvergleichlich
Zärtlich durch die Hand.

Weil man seine Nase behält,
Wenn man auf ihn fällt,
Ist er so weich.
Kinderfinger fühlen,
Wenn sie in ihm wühlen,
Nichts und das Himmelreich.

Denn kein Kind lacht
Über gemahlene Macht.

(›Kindersand‹, 1931)

Warum haben Mädchen die rosa Phase?

Wir hatten uns viel Mühe gegeben: Unsere erste Tochter verbrachte den Beginn ihres Lebens überwiegend in weißen Stramplern, wir zogen ihr graue Einteiler an, sie trug grüne Shirts und blaue Hosen. Wir schoben sie in einem grauen Kinderwagen durch die Straßen, über ihre weiße Bettwäsche kroch später die geschlechtsneutrale Raupe Nimmersatt – und als wir eine Wand in ihrem Zimmer in einem zarten Lila strichen, fanden wir das schon irgendwie gewagt. Kurzum: Die Mädchenfarben Rosa und Pink waren in der Welt unserer Tochter so präsent wie das Internet früher im Leben von Angela Merkel.

Das änderte sich jedoch schlagartig, als eines Tages Prinzessin Lillifee in ihr Leben schwebte. Ich weiß nicht mehr genau, wie das passieren konnte. Doch plötzlich war diese kleine Blütenfee da. Und alles wurde rosa. Nicht so wie im Königreich der Fee, wir tranken keine rosafarbene Milch, die Bäume blieben grün, der Himmel blau – aber meine Tochter wollte Kleider, Schuhe und Socken in Pink, dazu den passenden Turnbeutel und am liebsten mochte sie nun Muffins mit rosa Zuckerguss. Lillifee war aber nur die Einstiegsdroge. In Heften, Filmen, Büchern, Serien infizierten immer mehr zauberhafte Wesen unsere

Tochter. Sie hatten rosafarbenes Fell, trugen Umhänge in zartem Rosé oder verteilten pinken Glitzerstaub.

Und dann kam auch noch Barbie. Vorgestellt wurden die beiden sich durch ein Mädchen, das neu in die Kitagruppe kam. Ihre Eltern waren nicht durch Berlin-Mittes politisch und genderkorrektes Helikopter-Weltbild geprägt. Das neue Mädchen trug alle Schattierungen von Rosa und Glitzer, besaß jede Menge Barbies – und durfte diese sogar verschenken. Meine Tochter war begeistert. Barbie, Lillifee und ihre neue Kita-Freundin waren für sie wie eine Offenbarung: So musste man als echtes Mädchen also aussehen. Dass sie damals so gedacht hat, daran erinnert sie sich noch heute.

Meine Tochter ist natürlich kein Einzelfall. Fast alle Mädchen sind irgendwann auf Rosa und Pink fixiert wie Hunde auf Bälle und Knochen. Es ist eine Phase, die ungefähr mit drei Jahren einsetzt und in der man sich unweigerlich fragt: Ist das angeboren? Gibt es so etwas wie ein Rosa-Gen? Nein, gibt es natürlich nicht.

Und wem trotzdem Zweifel kommen, dass es doch nicht nur die Sozialisierung durch Lillifee, Barbie & Co. sein kann: Rosa war mal Jungensache. Vor hundert Jahren stand Rot für Blut und

Kampf – und damit für Männlichkeit. Jungen zog man »das kleine Rot« an, also Rosa. Mädchen hingegen trugen Blau, wie die Jungfrau Maria, die auf Gemälden häufig so gekleidet dargestellt wird.

Möglicherweise lag es an den Bluejeans, die von Männern getragen wurden, oder an den blauen Arbeitsanzügen oder den dunklen Marineuniformen, dass sich die Farbvorstellungen umdrehten. Und eigentlich müsste man sich heute fragen: Warum bekommen kleine Jungs keine blaue Phase?

Allen Eltern, die aus ästhetischen Gründen unter den rosafarbenen Uniformen ihrer Töchter leiden, sei gesagt: Es ist wirklich nur eine Phase. Rosa wird irgendwann als Kinderkram komplett abgelehnt. Als meine Tochter in die Schule kam, behandelte sie Dinge in Rosa, als könnte man von ihnen Aussatz bekommen. Inzwischen hat sie immerhin wieder ein pinkfarbenes T-Shirt im Schrank.

Also alles halb so schlimm? Hinterlässt die rosa Farbe keine Spuren? Doch, meinen Genderforscher. Die Farbe sei gar nicht die Gefahr. Sondern das, was durch sie vermittelt wird. Denn rosa sind nicht Bagger und Fußbälle, sondern alles, was niedlich, süß, kuschelig, schutzbedürftig und immer hilfsbereit ist. Und auch wenn das Rosa irgendwann verschwindet, bleibt das Bild vom niedlichen, süßen, schutzbedürftigen, immer hilfsbereiten Mädchen womöglich weiter im Kopf.

Warum lieben alle Jungs Bob den Baumeister?

Weil Bob ein großes Auto fährt und mit schwerem Werkzeug hantiert. So wie zum Beispiel auch Feuerwehrmann Sam. Darauf stehen die meisten kleinen Jungen. Sie lieben alles, was vier Räder hat und irgendwie technisch ist. Sie fahren gern Feuerleitern aus, bauen Türme, bedienen Geräte und können stundenlang einen Betonmischer auf der Baustelle beobachten. Mädchen wollen im Gegenzug lieber ihre Puppen und Kuscheltiere umsorgen. Sie verarzten sie, kochen ihnen etwas, veranstalten mit ihnen ein Picknick.

Dass das nicht nur ein Klischee ist, kann man inzwischen mit Sicherheit sagen. Wohl kaum ein Feld wird seit ein paar Jahren in Universitäten so stark beackert wie die Genderforschung. Zum Thema Geschlechtsunterschiede im Spielverhalten wurden bereits so viele Studien verfasst, dass Alice Schwarzer ihr Büro damit tapezieren könnte.

2017 veröffentlichte die Entwicklungspsychologin Brenda Todd von der University of London gemeinsam mit anderen Wissenschaftlerinnen und Wissenschaftlern eine Analyse der Studienlage der vergangenen 85 Jahre, die belegt, dass Mädchen sich lieber mit typischem Mädchenspielzeug, Jungen sich lieber mit typischem Jungenspielzeug beschäftigen.

Vieles spricht dafür, dass die geschlechterspezifischen Vorlieben nicht nur anerzogen, sondern auch angeboren sind. Denn interessanterweise spielte es bei den für Todds Arbeit verwendeten Studien keine Rolle, wann sie gemacht wurden. Es war ebenfalls egal, wo: In Ländern, in denen besonderer Wert auf Geschlechtergleichheit gelegt wurde, waren die unterschiedlichen Präferenzen genauso klar zu erkennen.

Brenda Todd selbst untersuchte hundert Kinder im Alter zwischen neun Monaten und drei Jahren. Dafür ließ sie Mädchen und Jungen beim Spielen im Kindergarten beobachten. Selbst die Jüngsten, die noch nicht einmal sprechen konnten, verhielten sich wie erwartet. Die kleinen Jungen krabbelten zu Baggern und Bällen, die Mädchen zu den Puppen und Pfannen.

Brenda Todd geht davon aus, dass Mädchen und Jungen bereits von Geburt an unterschiedliche Spielzeugvorlieben haben. Versuche legen diese Vermutung nahe. Der englische Psychologe Simon Baron-Cohen stellte bei Neugeborenen fest, dass Mädchen sich mehr für Gesichter interessierten, Jungen eher für mechanische Objekte – in diesem Fall ein Mobile, das über dem Babybett hing. Dabei waren die Kinder erst wenige Tage oder Wochen alt. Und auch kleine männliche

Rhesusaffen ziehen technische Transportmittel, Raufereien und Wettkämpfe Puppen, Plüschtieren und Rollenspielen vor. Für Letztere interessieren sich die weiblichen Äffchen. Eine Sozialisierung kann bei den Tieren und den Neugeborenen wohl ausgeschlossen werden.

Ein möglicher Grund für eine angeborene Spielzeug-Vorliebe könnten sogenannte Androgene sein. Diese Sexualhormone, wie zum Beispiel Testosteron, denen Kinder im Bauch ihrer Mutter ausgesetzt sind, sorgen dafür, dass sich die männlichen Genitalien beim Jungen ausbilden. An dieser Theorie könnte etwas dran sein. Denn Mädchen, die krankheitsbedingt vor der Geburt einem erhöhten Androgenspiegel ausgesetzt waren, zeigen ein eher männlich orientiertes Spielverhalten und streben im Erwachsenenalter gern

in primär von Männern favorisierte Berufe, wie zum Beispiel Lokführer oder Kfz-Mechaniker.

Die meisten Forscherinnen und Forscher aus den Bereichen Biologie, Neurowissenschaften und Psychologie nehmen an, dass die geschlechtsspezifische Begeisterung für bestimmte Spielsachen den Kindern ein Stück weit in die Wiege gelegt und dann durch die Gesellschaft, die die Kinderbettchen blau oder rosa anstreicht, schnell verstärkt wird. In den Sozial- und Kulturwissenschaften hingegen wird oft die Meinung vertreten, Kinder kämen quasi als weiße Fläche auf die Welt. Geschlechtsspezifische Neigungen, Interessen und Verhaltensweisen seien ausschließlich anerzogen. Die Studie von Baron-Cohen sei nicht ordentlich durchgeführt worden und habe nie wiederholt werden können. Auch die Sache mit den Rhesusäffchen müsse nichts heißen, in Tunesien gebe es zum Beispiel Makaken, bei denen das Rollenverständnis innerhalb der Gruppe ein anderes sei, weshalb die kleinen Weibchen dort auch nicht mit Puppen spielten. Ein Streit, den zurzeit niemand schlichten kann.

Unbestritten ist nur, dass eine soziale Prägung stattfindet. Sobald Kinder verstehen, dass sie Mädchen oder Junge sind, wollen sie der Norm entsprechen (siehe »Warum heißt es irgendwann

Jungs gegen Mädchen?« und »Warum haben Mädchen die rosa Phase?«) – und wissen genau, welches das angebrachte Spielzeug für sie ist. In einer Studie an der Arizona State University verteilte ein Forschungsteam Glocken und Lupen an Kinder im Vorschulalter. Es gab keine stereotypen Vorlieben. Dann wurden die Glocken und Lupen auf zwei Kartons verteilt, die für Jungen und Mädchen gekennzeichnet waren. Das Ergebnis: Die Kinder griffen nach den Spielzeugen, von denen sie dachten, sie wären für ihr Geschlecht. Dabei achten Kinder nicht nur darauf, womit sie selbst spielen. Es herrscht auch Konformitätsdruck unter den Kleinen. Insbesondere Drei- bis Fünfjährige akzeptieren es nicht, wenn andere mit dem vermeintlich falschen Spielzeug spielen.

Tatsächlich war die Trennung der Geschlechter im Kinderzimmer wohl noch nie so groß wie heute. Früher gab es zwar auch Autos für Jungs und Puppen für Mädchen. Doch die anderen Spielsachen trugen kein rosafarbenes oder blaues Label. Mein Bruder und ich spielten immer mit dem gleichen Lego – Cowboys und Indianer –, während Mädchen heute ›Lego friends‹ haben und ›Olivias Cupcake-Café‹ aufbauen, für Jungen gibt es ›Lego City‹ und das Set ›Abschleppwagen auf Abwegen‹.

Was das »richtige« Spielzeug für sie ist, lernen Jungen und Mädchen also heute mehr denn je – von ihren Freundinnen und Freunden, aus der Werbung und nicht zuletzt von uns. Wir wurden alle geschlechtlich erzogen und geben unser Rollenverständnis weiter. Wie eindeutig wir dabei manchmal sein können, zeigt ein Experiment, bei dem erwachsene Versuchspersonen in einem Raum ein Kind bekamen, mit dem sie spielen sollten. War das Kind ein »Oliver«, gaben sie ihm Bälle und Autos und setzten es aufs Schaukelpferd. War es »Sophie«, bekam das Kind die Puppe. Das Erstaunen bei den Teilnehmenden war groß, als man ihnen eröffnete, dass Oliver tatsächlich ein Mädchen und Sophie ein Junge war.

Das heißt für uns Eltern: Wir können vermutlich nur versuchen, gegen Geschlechterrollen anzugehen oder sie wenigstens nicht zu verstärken. Das scheint vielen Menschen heute schwerzufallen. Nach der großen Feminismuswelle der 1960er-Jahre lassen sich die meisten Frauen nicht mehr durch Korsetts oder Normen einengen. Männer kümmern sich vermehrt um die Kinder und um den Haushalt. Das verunsichert. Die Gesellschaft muss damit erst einmal zurechtkommen.

Zurzeit befinden wir uns in einer Art Zwischenzustand: In der Schule werden zwar immer noch

›Grimms Märchen‹ vorgelesen, gleichzeitig aber ist eine Frau Bundeskanzlerin – also quasi König. Kein Wunder, dass es ein Bedürfnis nach Stabilität gibt, nach einer klaren Ansage, was ein Mann und was eine Frau ist.

An ihren Kindern können Eltern den Wunsch nach einer heilen Welt in Rosa und Blau ausleben. Das merkt man an ihrem Kaufverhalten. Die Spielwarenindustrie ist darüber nicht unglücklich, schließlich kann sie dadurch alles in doppelter Ausgabe verkaufen, einmal für Mädchen, einmal für Jungen. Dass die große Schwester dem kleinen Bruder ihr rosa Fahrrad vererbt, ist unwahrscheinlich. Dabei wäre es gut, wenn mehr Mädchen sich mit typischen Jungensachen wie Bauklötzen beschäftigen würden, um so ihr räumliches Vorstellungsvermögen zu trainieren, und Jungen auch mit Puppen spielten, was unter anderem die Kommunikation fördert. Wichtige Fähigkeiten, die die Kleinen später gut gebrauchen können.

Bob der Baumeister sowie sein Kollege Feuerwehrmann Sam haben inzwischen immerhin ausgedient, zumindest in dem Land, in dem sie erfunden wurden. Im englischen Fernsehen waren ihre Sendungen 1999 gestartet und dann in mehr als 100 Länder verkauft worden. 2017 hat die BBC die beiden in den Ruhestand versetzt. Es sollte mehr Platz für weibliche Charaktere geschaffen werden. Statt Bob und Sam löst nun zum Beispiel eine technikbegeisterte Achtjährige mit ihrem kleinen Bruder knifflige Probleme.

Warum sind Kinder so versessen auf Süßigkeiten?

Süße Lebensmittel sicherten unseren Vorfahren das Überleben, weil sie in der Regel ungiftig waren und den umherstreifenden Jägern und Sammlern besonders viel Energie lieferten. Deshalb stehen Kinder noch heute auf Eiscreme und Gummibärchen und verschmähen bitteren Brokkoli. Das wissen wir bereits aus dem Kapitel »Warum essen Kinder immer das Gleiche?«. Hier soll es nun nicht mehr nur um die angeborene Vorliebe für den süßen Geschmack gehen, sondern um die kindliche Versessenheit auf Schokoriegel, ihre Gier nach Lollis, die unstillbare Lust auf Limonade.

Bereits Säuglinge lächeln selig, wenn man ihnen eine süßliche Flüssigkeit auf die Lippen träufelt. Meine Töchter hatten beide Phasen, in denen sie morgens aufwachten und als Erstes fragten: »Krieg ich Süßigkeiten?« Zum Frühstück wollten sie dann »Gummibärchen«. Und in unserer Kita bestehen die Erzieher darauf, dass Eltern beim Abholen mitgebrachte Süßigkeiten ihrem Nachwuchs nicht schon auf dem Gelände geben, da sich sonst alle Kinder um sie scharen wie Abhängige um einen Dealer.

Tatsächlich birgt der süße Stoff ein gewisses Suchtpotenzial. Zucker aktiviert das Belohnungssystem im Gehirn. Ähnlich wie bei Alkohol oder

Nikotin wird das Hormon Dopamin ausgeschüttet, das Verlangen nach mehr auslöst. Und in rauen Mengen erhöht Zucker die Konzentration einer Aminosäure, aus der das Glückshormon Serotonin gebildet wird. Das funktioniert natürlich genauso bei großen Menschen, weshalb auch Bridget Jones am liebsten »Schokolade zum Frühstück« hätte. Doch im Gegensatz zu Kindern können wir Erwachsenen uns – mehr oder weniger – beherrschen, indem wir uns die Folgen des Zuckerkonsums ausmalen: Zu viel Zucker wirkt sich zum einen negativ auf den Stoffwechsel, die Gefäße und natürlich die Zähne aus. Zum anderen macht er dick und erhöht damit die Gefahr, andere Krankheiten wie Diabetes Typ 2 oder Bluthochdruck zu bekommen. Wir machen uns zu Recht Sorgen um unsere Hosengröße, aber auch um unsere Gesundheit.

Kinder nicht. Würde man ihnen einen Berg Süßigkeiten hinstellen und sagen: »Iss ruhig so viel, wie du magst«, dann wäre er höchstwahrscheinlich in wenigen Sekunden abgetragen. Denn von Natur aus hat der Mensch keine innere Stoppschranke, die ihn vor einer Überdosis Zucker schützt. Aus evolutionärer Sicht war das nie nötig. Unsere Urahnen fanden recht selten süße Früchte. Und wenn sie auf diesen Energie-Schatz stießen, kosteten sie ihn voll aus. Sie überaßen sich daran. Schließlich konnte man nicht wissen, wann man so etwas das nächste Mal finden würde.

Wir müssen unseren kleinen Zuckerjunkies also dabei helfen, das richtige Maß zu finden. Das ist nicht immer einfach. Zum einen befinden sich die Kleinen im Wachstum. Der Körper braucht und verlangt nach sehr viel Energie. Zum anderen ist unser Umfeld keine Hilfe: Die Nahrungsmittelindustrie wickelt den süßen Stoff in kinderfreundliches, buntes Papier mit niedlichen Figuren und zeigt in der Werbung, wie glücklich Kinder sind, die Cola und Fanta trinken dürfen. Sehr verführerisch! Außerdem können die Kleinen den Süßigkeiten kaum entkommen. Sie sind überall und drängen sich ihnen fast schon auf. Nicht nur an Nikolaus, Weihnachten, Ostern, Geburtstagen werden Kinder mit Schokolade in Form von Männern, Eiern, Hasen, Herzen überschüttet. In der Apotheke bekommen sie Traubenzucker zugesteckt, beim Friseur gibt es zur Belohnung fürs Stillhalten Lutscher und die ältere Dame von nebenan verschenkt gern ihre Bonbons, die ein Werbegeschenk waren, an die Kleinen in der Nachbarschaft. Schließlich kann man mit kaum einem anderen Gegenstand Kinderaugen so schnell, mühelos und vor allem günstig zum

Leuchten bringen. Einen Schokoriegel gibt es bereits ab etwa 30 Cent. Früher waren Süßigkeiten ein Luxus, heute sind sie fast schon zum Grundnahrungsmittel geworden.

Auch Eltern setzen oft nicht die richtigen Signale, wenn sie eine Tüte Gummibärchen als Trostpflaster einsetzen oder als Mittel gegen Langeweile. Wer als Kind mit Süßem getröstet und

beschäftigt wird, greift auch als Erwachsener nach Keksen & Kaubonbons, wenn es ihm nicht gut geht.

Ganz verbieten sollte man seinem Nachwuchs den Naschkram aber ebenso wenig. Das macht ihn nur noch interessanter. Und das Kind kann den Umgang mit Süßigkeiten nicht lernen. Das sollte es aber. Denn irgendwann wird es – ob man will oder nicht – zum ersten Mal auf einer Geburtstagsfeier bei Freunden sein, ohne elterliche Kontrolle und ohne zuckerfreien Dinkelvollkornkuchen. Wer dann noch nie Eis, Schoki und Bonbons essen durfte, wird wahrscheinlich alles in sich hineinschaufeln, was ihm zwischen die klebrigen Finger kommt. Totale Süßigkeiten-Anarchie bis zum Zuckerschock.

Was ist also die richtige Dosis? Ernährungsexperten machen dazu genaue Angaben: Süßes (Limo oder gezuckertes Müsli inklusive) sollte maximal zehn Prozent des täglichen Kalorienbedarfs eines Kindes ausmachen. Für ein zwei- bis dreijähriges Kind wären das höchstens 110 Kalorien, also etwa eine Kugel Eiscreme, vier Butterkekse oder ein Riegel Schokolade. Einfacher ist die Handtellerformel: An einem Tag sollte ein Kind nur so viel Süßes essen, wie in seine Hand passt – und bitte nicht stapeln.

Warum
können
kleine Kinder
keine
Geheimnisse
für sich
behalten?

Egal, ob Weihnachten, Ostern, Muttertag, Geburtstag – als meine Töchter kleiner waren, wusste ich immer lange vor dem großen Ereignis, was ich von ihnen geschenkt bekommen würde. Jedes Mal kamen sie mir schon Tage zuvor mit ihren Präsenten entgegen und strahlten: »Schau mal, das ist eine Überraschung für dich!« Oder sie nahmen mich verschwörerisch zur Seite: »Mama, ich habe heute einen Stern gebastelt, aber das darf ich dir nicht sagen.«

Kinder sind keine guten Geheimnishüter. Als Spione würden sie nicht einen Tag überleben, ach was, keine Sekunde. Und in Familien sind sie die Maulwürfe, die jede Geheimhaltung unterwandern, immer ausplaudern, was eigentlich »unter uns« bleiben sollte. Organisiert man zum Beispiel eine Überraschungsparty für den Partner, wird dieser garantiert rechtzeitig informiert. Will man seine Schwangerschaft vorerst noch für sich behalten, gratuliert einem trotzdem der ganze Kindergarten. Und macht man sich über den neuen Mann der Nachbarin lustig, wird diese das vom Nachwuchs bestimmt bald erfahren: »Du, was ist denn an deinem Freund so komisch?«

Eltern müssen also dringlichst darauf achten, dass die Kleinen nicht mithören, über was sie nicht öffentlich sprechen sollen. Kindermund

tut Wahrheit und Geheimnis kund. Und das auf eine nonchalante Art und Weise – als würden sie gar nicht verstehen, dass sie damit eine Überraschung oder einen guten Ruf zerstören. Und tatsächlich haben sie keine Ahnung.

Bis sie ungefähr vier Jahre alt sind, fehlt Kindern die Fähigkeit zum sogenannten mentalen Perspektivwechsel. Das heißt: Sie meinen, dass das, was sie denken, quasi die Realität ist. Was in ihrem Kopf ist, ist auch in der Welt. Als würden ihre Gedanken wie in einem Comic gut lesbar in einer Blase über ihnen schweben. Und dann kann man es ja genauso gut aussprechen. Dass jemand eine andere Sicht oder einen anderen Wissensstand haben könnte als sie, ist für die Kleinen völlig unvorstellbar.

Ein Geheimnis zu bewahren, ist eine reife kognitive Leistung – genau wie das bewusste Lügen und die Manipulation eines anderen Menschen. Wie sich die Flunker-Fähigkeiten entwickeln, hat ein Forschungsteam an der kanadischen Brock University in einer Studie untersucht. 65 Kinder zwischen zwei und vier Jahren wurden einzeln gebeten, sich ein Stofftier, mit dem hinter ihrem Rücken Geräusche gemacht wurden, nicht anzusehen. Auch nicht, wenn man sie kurz allein ließe. Doch kaum hatten die Versuchsleitenden den Raum verlassen, konnten 80 Prozent nicht anders – sie drehten sich um. Der eigentliche Test kam aber erst dann: Als sie gefragt wurden, ob sie geschaut hätten, schaffte es nur ein Viertel der Zweijährigen zu lügen. Bei den Vierjährigen waren es 90 Prozent. Und das nicht, weil zwischen zwei und vier Jahren ein Moralverfall eingesetzt hätte. Nein, die Gehirnfunktionen der Kleineren waren zum Lügen einfach noch nicht ausgeprägt genug.

Aber auch die Lügner hielten nicht lange durch. Obwohl sie auf die Frage »Hast du geschaut?«

mit Nein geantwortet hatten, beschrieben auf die Frage »Was für ein Spielzeug liegt denn hinter dir?« 76 Prozent von ihnen den Gegenstand, den sie angeblich nicht gesehen hatten, sehr genau. Es ist eben nicht einfach, ein Lügenkonstrukt aufzubauen: »Ah, sie denken, ich hätte nicht hingeschaut, und deshalb muss ich so tun, als wüsste ich nicht, welches Spielzeug dort liegt.« Das ist ja ein Perspektivwechsel über mehrere Ecken! Viel zu komplex für das junge Gehirn. Erst mit steigendem Alter wird die Qualität der Unwahrheiten besser. Richtige Lügengeschichten erzählen können Kinder ab circa acht Jahren.

Nun mag der eine oder andere sagen: Als mein Kind kürzlich die Blumenvase umgeschmissen, die Schokolade aus dem Schrank geklaut oder den kleinen Bruder gekniffen hat, konnte es aber sehr wohl flunkern. Das mag sein. Denn tatsächlich spielt der Faktor Scham beim Zurückhalten der Wahrheit eine große Rolle. Ist einem kleinen Kind etwas furchtbar unangenehm, kann es etwas leugnen oder verheimlichen. Das tut es dann aber nicht bewusst, also manipulativ. Die Behauptung »Nein, ich war das nicht!« ist reines Wunschdenken nach dem Motto: Wenn ich nur ganz fest daran glaube, habe ich die Vase nicht runtergeschmissen.

Haben Kinder irgendwann verstanden, dass Menschen ihre Gedanken für sich behalten können, werden sie in der Regel trotzdem nicht gleich zu Rumpelstilzchen, die sich klammheimlich über ihren Wissensvorsprung freuen. Geheimnisse sind meist zu aufregend, um sie zu verschweigen. Und das Gefühl der Überlegenheit, jemandem (im Zweifel sogar einem Erwachsenen!) etwas erzählen zu können, was er noch nicht weiß, ist einfach zu schön.

Das kennen ja auch Erwachsene. Große Leute prahlen ebenfalls gern mit ihrem Geheimwissen – und manch einer stellt sich dabei ziemlich kindisch an. Es soll ja Politiker geben, die sogar Staatsgeheimnisse ausplaudern, nur um damit angeben zu können. Dagegen sind Kinder harmlos. Immerhin verraten sie in der Regel nur Kleinigkeiten wie Geburtstagsgeschenke. Und mit ihrer überlegenen, weiter entwickelten Gehirnreife sollten Eltern es schaffen, den Kindern etwas vorzumachen. In diesem Fall: überraschte Freude.

Warum haben Kinder ständig Langeweile?

Meist überfällt es meine kleine Tochter ganz überraschend. Kürzlich zum Beispiel auf dem Weg zum Supermarkt. Sie fuhr mit dem Fahrrad, was sie noch gar nicht so lange kann. Die ersten Meter waren also ziemlich aufregend. Doch dann bogen wir um die Ecke. Und dahinter passierte es: Ihr wurde plötzlich ganz furchtbar »laaaangweilig«, so sehr, dass sie kaum mehr in die Pedale treten konnte. Ein anderes Mal malte sie ein Einhorn. Kaum war die lila Mähne fertig, stand sie auf, kam entnervt zu mir und fragte: »Was soll ich denn jetzt machen?« Unser Blick fiel auf ihr Zimmer voller wunderbarer Spielsachen. Ich schlug also etwas vor: »Noch ein Bild malen vielleicht?« »Nein!« »Lego?« »Nein!« »Mal wieder gegenseitig frisieren?« »Nein!« Das Kind hatte zu nichts Lust. Nur die Verheißung auf iPad, Fernsehen oder Schokoladentorte hätte die Stimmung wahrscheinlich heben können. Also, was nun? Nicht nur das Kind war verzweifelt.

»Mir ist so langweilig!« gehört genau wie »Sind wir bald da?« oder »Das mag ich nicht!« zu den Kindersätzen, die Eltern in einen nervösen Zustand befördern. Sie fühlen sich gefordert. Als müssten sie das arme Kind von der Langeweile, die es befallen hat, heilen wie von Scharlach oder Schuppenflechte.

Dabei gibt es einen guten Grund, warum den Kleinen häufig alles so öde vorkommt. Sie sind von Anfang an darauf ausgerichtet, Neues zu lernen, Erfahrungen zu machen. Um all die Dinge in ihrer Umwelt zu verstehen, müssen sie unentwegt so viele Informationen wie möglich aufnehmen, verarbeiten und speichern. Am besten jagt eine Herausforderung die nächste. Sonst wird es eben: laaaaangweilig! Bereits Säuglinge wenden sich ab, wenn man ihnen in Tests immer wieder das gleiche Bild zeigt. Nun könnte man denken: Die werden wahrscheinlich müde. Tatsächlich sind sie aber wieder interessierter und schauen aufmerksamer hin, wenn ein Motiv ins Spiel kommt, das sie vorher noch nicht gesehen haben. Langeweile ist also ganz natürlich und sogar angeboren.

Sollten wir unsere Kinder deshalb andauernd bespaßen, ihnen immer wieder neue Bilder hinhalten? Nein, auf keinen Fall, meinen Pädagogen, Hirnforscher und Erziehungswissenschaftler. Zum einen müssen Kinder ja – obwohl es ihnen angeboren ist, ständig dazulernen zu wollen – damit zurechtkommen, dass das Leben zuweilen eintönig und reizlos dahinplätschert. Manchmal hat man einfach nichts zu tun. Sie müssen lernen, sich selbst zu beschäftigen. Und das werden sie nie, wenn Mama oder Papa bei jedem genölten »Mir ist langweilig!« den Entertainer gibt oder ihnen das iPad in die Hand drückt. Ein Kind, das seine Langeweile nicht selbst überwinden kann, weiß auch als Erwachsener nichts mit sich anzufangen, meinen Experten. Möglichst ganz allein soll der Nachwuchs das tiefe Tal der Ödnis durchschreiten, den Leerlauf spüren, auf dem Bett rumliegen und an die Decke starren, um selber etwas zu finden, bei dem er seine Neugier ausleben kann. Und das wird er irgendwann bestimmt. Denn zum anderen gilt Langeweile als Eintrittskarte in eine kreative Phase.

Eine Studie darüber, wie schöpferisch Langeweile ist, führte eine Forschungsgruppe von der Universität of California in Santa Barbara durch. Zuerst gab sie Studierenden zwei Minuten Zeit, um möglichst viele ungewöhnliche Verwendungszwecke für Alltagsgegenstände wie Zahnstocher, Kleiderbügel, Ziegelsteine und Ähnliches aufzulisten. Danach wurden die Probanden in vier Gruppen aufgeteilt. Die erste Gruppe arbeitete weiter an der Aufgabe, die zweite hatte Pause, die dritte musste eine anspruchsvolle Gedächtnisaufgabe lösen, die vierte erhielt eine wenig fordernde, eintönige Aufgabe. Nach zwölf Minuten sollten sich alle Teilnehmenden wieder mit der Aufgabe rund um Zahnstocher und Kleiderbügel beschäftigen. Sie bekamen zwei neue und zwei alte Gegenstände zugeteilt. In den ersten drei Gruppen ging die Arbeit wie zuvor voran, die vierte Gruppe aber verbesserte sich bei den bereits bearbeiteten Gegenständen um 41 Prozent. Die Probanden, die sich gelangweilt hatten, hatten sich anscheinend unterbewusst mit der Aufgabe weiterhin beschäftigt und neue Lösungen gefunden.

Wenn das Gehirn nicht gefordert wird, sind dennoch Aktivitäten feststellbar, die es danach leistungsfähiger machen, sagen medizinische

Studien. Der Philosoph Friedrich Nietzsche drückte es poetischer aus: Langeweile sei »jene unangenehme Windstille der Seele, welche der glücklichen Fahrt und den lustigen Winden vorangeht«. Und tatsächlich: Gibt man Kindern Zeit für Langeweile, kommen sie meist auf die tollsten Ideen, bauen ein Schloss aus leeren Klopapierrollen, stellen sich vor, der Boden wäre Lava, und springen von Stuhl zu Couch zu Tisch oder bereiten eine ganze Zirkusvorstellung für einen vor.

Dafür, dass Kinder sich heute – trotz Dauerbespaßung durch iPads, Filmchen auf dem Smartphone und Helikoptereltern – schneller langweilen als früher, gibt es übrigens keine wissenschaftlichen Belege. Im Gegenteil, in dem seit Jahrzehnten regelmäßig durchgeführten Marshmallow-Test (Kinder werden in einem ansonsten leeren Raum mit einer Süßigkeit und der Ansage »Eine jetzt oder zwei, wenn du wartest« zurückgelassen) halten die Kleinen zunehmend länger aus. Und auch wenn es dabei eigentlich um die Erhebung der sogenannten Impulskontrolle geht, müssen die Kleinen tatenlos dasitzen – und das ist verdammt langweilig.

Nur wenige Kinder sind stets und ständig untröstlich gelangweilt und jammern darüber unaufhörlich. Haben Eltern solch ein antriebsloses Wesen zu Hause sitzen, sollten sie sich mal fragen, ob im Leben des Kindes möglicherweise wirklich zu wenig los ist. Könnte es ein paar zusätzliche Reize und Neuheiten vertragen? Braucht es ein bisschen mehr Aufmerksamkeit? Wird ihm in der Freizeit zu wenig geboten? Oder sogar zu viel? Manche Kinder fühlen sich durch ununterbrochen auf sie einprasselnde Reize überfordert und schotten sich ab. Mehr ist also nicht unbedingt immer besser. Das Angebot muss zum Temperament des Kindes passen. Langeweile ist letztendlich eine subjektive Angelegenheit. Es gibt Menschen, die brauchen einfach mehr Action als andere.

Warum drücken Kinder so gern Knöpfe?

Wenn Kinder etwas wirklich wollen, geben sie alles. Als würde es um Leben und Tod gehen. Keine Rücksicht auf Verluste. Die beiden Jungs, der eine klein, der andere noch kleiner, rannten mich fast um, als sie an mir vorbei zum Fahrstuhl spurteten. Dabei schrien sie aus Leibeskräften: »Iiiiiiiich!«, als hätte gerade jemand am anderen Ende des Hotelflurs gefragt, wer ein ganzes Glas Schokocreme auslecken möchte. Der Große erreichte den Aufzug zuerst – und drückte den Knopf. Der Kleine brach daraufhin auf der Auslegware zusammen. Er konnte sich erst wieder beruhigen, als der hinterhergeeilte Vater versprach: »Du darfst drinnen drücken.«

Kinder lieben es, Knöpfe zu betätigen, nicht nur am Fahrstuhl, sondern auch im Bus, am Küchenmixer, an der Waschmaschine, auf der Fernbedienung. Die kleinen runden Dinger haben auf sie eine so magische Anziehungskraft wie der Zauberring auf Gollum. Auch jeder Schalter, der ihnen unter die Finger kommt, muss unverzüglich umgelegt werden. Man kennt das: Licht an, Licht aus – bis die Birne oder der Kragen der Eltern platzt.

Dabei müssen Erwachsene verstehen: Für die Kleinen hat das, was sie da tun, eine essenzielle

Bedeutung. Drücken sie einen Knopf, erklingt ein Ton oder ein Licht geht an. Im besten Falle sogar beides. Und auch wenn es sich pathetisch anhört: Dabei spürt ein Kind seine Wirksamkeit. Es kann der Auslöser von etwas sein, es nimmt Einfluss auf seine Umwelt.

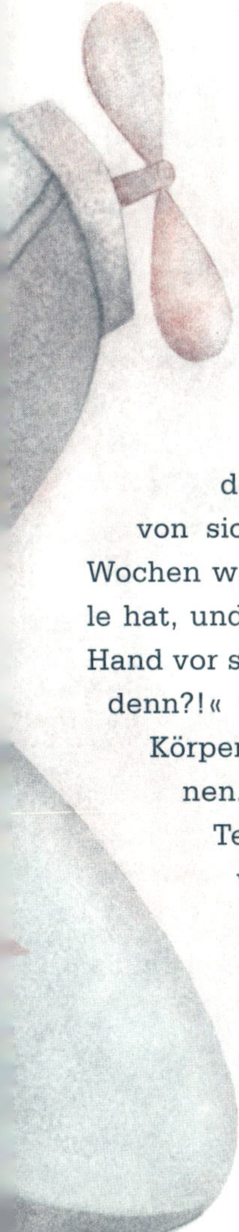

Und das ist für jedes Kind faszinierend! Vor allem, wenn man bedenkt, dass ein Baby, wenn es auf die Welt kommt, zunächst gar nicht weiß, dass es überhaupt handeln kann. Es kann sich noch kein Bild von sich als Person machen. In den ersten Wochen weiß es nicht einmal, dass es Körperteile hat, und erschrickt, wenn plötzlich die eigene Hand vor seinem Gesicht auftaucht: »Was ist das denn?!« Erst langsam lernen Säuglinge ihren Körper durch Betrachten und Betasten kennen. Sie begreifen, dass Hände und Füße Teile von ihnen sind, die sie aktiv bewegen und sogar gezielt einsetzen können. Das Baby ist dann hellauf begeistert, dass es etwas aus eigener Kraft auslösen kann. Wie sehr, zeigt der sogenannte Mobile-Versuch, den das Forscher-Ehepaar Papoušek erstmals in den 1970er-Jahren durchführte. Dafür legten sie einen drei Monate alten Säugling unter ein Mobile und befestigten an seinem Bein eine Schnur, mit der er das Mobile in Bewegung setzen konnte. Innerhalb weniger Minuten hatten alle Test-Babys das Prinzip verstanden und begannen, aufgeregt zu strampeln. Und: Sie betrachteten das Mobile deutlich länger, wenn sie selbst es bewegten und nicht eine andere Person.

Aber es geht beim Mobileanstoßen und Knöpfedrücken nicht allein um die Begeisterung über die eigene Wirksamkeit. Nach dem Erstaunen – »Ich kann das machen?!« – kommt die Frage: »*Was* kann ich alles machen?« Kinder haben einen unbändigen Forscherdrang und wollen möglichst alle Eigenschaften der Umwelt erkunden: Was passiert wohl, wenn ich hier drücke, da ziehe oder dort schiebe? Und passiert bei diesem Knopf heute dasselbe wie gestern?

Bei den beiden Jungs, die den Hotelflur entlangrannten, spielte außerdem sicherlich die Inszenierung von Gerechtigkeit eine Rolle. Wer darf seine Wirksamkeit zur Schau stellen und dieses Mal den Knopf drücken? Eltern, die mehrere Kinder haben, kennen die ewige Angst ihres Nachwuchses, in seinen Rechten hinter einem Geschwister zurückgesetzt zu werden. Nicht nur das Holen des Aufzugs wird zum Privileg, auch darüber, wer den Schlüssel bis zur Haustür tragen oder beim gemeinsamen Vorlesen die Seite umblättern darf, gibt es Streit. Nicht weil das Drücken, das Tragen, das Blättern so viel Spaß machen würde, sondern aus Prinzip. Ein Vater verriet mir, wie seine beiden Jungen das Fahrstuhl-Problem gelöst haben: Der eine legt seinen Finger auf den Knopf, der andere fasst diesen Finger an und beide drücken dann gemeinsam.

Warum trödeln Kinder immer so?

Wenn Eltern dringend losmüssen – zu einem Termin, zur Arbeit, in die Kita, zu Freunden –, passiert mit ihrem Nachwuchs Wundersames: Plötzlich überfällt ihn eine unglaubliche Antriebslosigkeit. Alle Bewegungen werden nur noch in Zeitlupe ausgeführt. Außerdem entwickelt das Kind ein ganz dringendes Bedürfnis, Dinge zu tun, die das elterliche Vorhaben nicht nur kein Stück voranbringen, sondern es geradezu boykottieren: noch mal ein paar Seifenblasen pusten, andächtig eine Schublade ausräumen, ein Bild malen. Die Eltern flehen: »Bitte beeil dich!«, »Mach jetzt!«, »Wir sind zu spät dran!« Sie drohen: »Wenn du jetzt nicht kommst, dann ...« Aber das Kind lässt sich nicht hetzen.

Wenn man Glück hat, schafft man es trotzdem, den Widerstandskämpfer kurz vor knapp angezogen, mit gekämmten Haaren und geputzten Zähnen an die Tür zu treiben. Würde man jetzt das Haus verlassen, könnte man es vielleicht noch pünktlich schaffen. Doch in der Regel kommt es jetzt zu einem letzten Aufstand. Das Kind findet einen Grund, warum es, obwohl augenscheinlich aufbruchsbereit, doch nicht loskann. Zum Beispiel weil es ganz dringend ein Spielzeug mitnehmen muss – welches und wo dieses zu finden sein wird, steht noch nicht fest. Vielleicht wird auch die Kleiderwahl infrage gestellt: »Ich ziehe heute nicht diese Hose an. Ich will ein Kleid!« Spätestens in diesem Moment möchte man schreiend aus der Wohnung rennen und das Kind sich selbst überlassen oder es zur Adoption freigeben.

Wenn der Nachwuchs bummelt, trödelt, nicht in die Puschen kommt, dann stoßen zwei Welten aufeinander: die häufig minutiös durchgetaktete der Eltern und die freigeistige der Kinder. Die Kleinen erleben Zeit völlig anders als Erwachsene. In den ersten vier Lebensjahren ist ihnen lediglich bewusst, dass es bei verschiedenen Handlungen gewisse Abfolgen gibt. Wenn ein Erwachsener zum Beispiel mit dem Geschirr klappert und zu kochen beginnt, wissen sie: Aha, bald gibt es Essen. Später kann man ihnen mit ein paar Hilfsmitteln eine simple Zeitrechnung erklären: »Noch einmal schlafen, dann kommen Oma und Opa« oder: »Wenn der große Zeiger dort oben steht, dann darfst du fernsehen.«

Erst ziemlich spät, mit durchschnittlich sechs bis acht Jahren, entwickeln Kinder eine Zeitvorstellung, die unserer entspricht: Sie lernen, die Uhr zu lesen, und können die Dauer von Handlungen einschätzen. Wie lange sind 15 Minuten und was kann man währenddessen alles erledigen? Davor bewegen sie sich in einer Art zeitlosem Raum, wo alles wichtiger zu sein scheint als das, was aus elterlicher Sicht gerade dringend erledigt werden müsste. Es gibt für ein Kind, das sich erst zwei, drei, vier Jahre auf dieser Welt befindet, einfach zu viele neue und spannende Sachen zu entdecken. So ist zum Beispiel der Weg zur Kita für sie keine Strecke von A nach B, die man zügig zurücklegt, sondern eine Expedition ins Reich der Tiere, Menschen, Sensationen. Kinder besitzen eine schweifende Aufmerksamkeit. Sie bemerken Dinge, an denen wir Erwachsenen achtlos vorbeigehen. Sie müssen jeden Stein aufheben, eine große Spinne beobachten, die an der Häuserwand hochkrabbelt, und den Kondensstreifen bewundern, den ein Flugzeug am Himmel hinterlässt.

Und mal ehrlich, wie gern hätten wir gestressten Eltern mal diese Muße, diese Zeit, um zu trö-

deln und ein paar Löcher in die Luft zu schauen. Wir haben Termine, die Kleinen ein Leben – so scheint es. Und deshalb sollten wir uns manchmal auf das Tempo unserer Kinder einlassen. Wer es tut, wird sich dabei so entrückt fühlen wie ein Workaholic auf Valium. Herrlich!

Würden wir allerdings ständig in diesen kindlichen Wandelmodus schalten, bekämen wir nichts mehr erledigt und wären nicht überlebensfähig. Deshalb lernen Kinder nach und nach, ihre Aufmerksamkeit zu fokussieren, Unwichtiges auszufiltern und Informationen zu selektieren.

Bis es soweit ist, werden wir ihr Trödeln wohl oder übel hinnehmen müssen. Und ständiges Antreiben bringt gar nichts. Im Gegenteil. Kinder reagieren sehr sensibel darauf, wenn man gestresst ist und sie stressen will. Die Kleinen blocken ab, werden noch langsamer, die Eltern noch gereizter. Ein ganz normales Verhalten, das man mitunter auch bei Erwachsenen erlebt. Wenn es ganz schlecht läuft, zwängt man seine Kinder letztendlich selbst in ihre Jacke und stülpt ihnen die Schuhe über – obwohl sie es allein könnten. Ein Fehler: So werden sie beim nächsten Mal garantiert wieder bummeln. Denn sie wissen ja, dass

am Ende ein Erwachsener den Rest erledigen wird. Wer es schafft, sollte möglichst entspannt bleiben – oder zumindest nach außen so wirken.

Kindern fehlen allerdings nicht nur das Verständnis für Zeitdruck und der Fokus. Bis zum Grundschulalter ist das Gehirn der Kleinen nicht besonders flexibel und es kostet sie Überwindung, eine Sache spontan zu beenden, um eine neue zu beginnen. Ist ja nachvollziehbar. Da hat ein Kind sich gerade mit einer Situation arrangiert, in die es sich höchstwahrscheinlich nicht einmal selbst gebracht hat, und schon kommt die nächste. Zum Beispiel: Alle Kita-Kinder sollten am Nachmittag gemeinsam in den Hof gehen. Nun sitzt der Nachwuchs also draußen im Sandkasten, obwohl er eigentlich lieber drinnen geblieben wäre, um ein Bild zu Ende auszumalen. Nach einiger Zeit macht ihm das Buddeln sogar Spaß. Doch ausgerechnet jetzt kommt die Mama um die Ecke und will ganz schnell nach Hause: »Komm, wir müssen los!«

Damit Kinder sich langsam aus einer lieb gewonnenen Aktion herauslösen können wie Pastinakenbrei aus einem Gläschen, sollte man ihnen ein bisschen Zeit lassen. Und da sie ja mit einer Minutenangabe wenig anfangen können, versucht man es am besten mit einer anderen Zähleinheit, wie: »Noch drei Mal rutschen, dann ist

Schluss.« Auch hilfreich: Eine Sache aus der alten Situation in die neue mitnehmen. Eine Puppe darf mit in die Kita oder die Freundin leiht einem nach dem Playdate ihren Flummi aus. Manchmal hilft es schon, wenn das Kind sich für einen schleichenden Übergang von dem, was es gerade gemacht hat, gebührend verabschieden kann: »Mach's gut, Laufrad, bis morgen!«

Warum schlafen Kinder so schlecht ein und dann nicht durch?

Wenn es Abend wird, sehnen Eltern kleiner Kinder das Ende des Tages herbei wie die Zeugen Jehovas das Paradies nach dem Weltuntergang. Nur noch schnell den Nachwuchs ins Bett bringen und dann: endlich Ruhe. Zeit, um sich auf die Couch sinken zu lassen, einen Moment Körperkontakt mit dem Partner auszutauschen oder wenigstens die Wohnung in einen akzeptablen Zustand zu versetzen, bevor man völlig ermattet ins Bett fällt. Ein Wunschszenario.

Denn das Baby hat ganz andere Vorstellungen. Es träumt von Nähe. Den ganzen Tag über hat sich jemand um es gekümmert, warum sollte damit plötzlich Schluss sein? Gerade jetzt, da es müde wird, möchte es sich an einen warmen Körper schmiegen, auf dem Arm herumgetragen oder ausdauernd in den Schlaf gestillt werden.

Es ist ein allabendlicher Interessenkonflikt, in dem die meisten Eltern nachgeben. Statt das Baby ins Bett zu legen, tragen sie es herum, bis ihnen fast die Arme abfallen und der Rücken sich anfühlt, als würde er gleich durchbrechen. Mütter stillen stundenlang, auch wenn schon lange kein Tröpfchen Milch mehr fließt. Denn jeder Versuch, das scheinbar tief schlummernde Kind abzulegen, endet in Geschrei. Prompt wacht es auf und strampelt wie ein Käfer, der auf dem Rücken liegt und zurück auf seine Beine will. Also heißt es: weitertragen, weiterschaukeln, weiterkuscheln, weiterstillen. Der Prozess zieht sich und man fühlt Groll in sich wachsen. Fast alles würde man dafür geben, dass das Kind endlich einschläft. Allein!

Doch warum sollte es das tun? So unpraktisch es für Eltern ist: Ein Baby ist nicht für selbstständiges Schlafen geschaffen. Es ist für die Steinzeit programmiert. Und damals wäre es äußerst fatal gewesen, wenn dieses kleine hilflose Wesen ohne Schutz eines Erwachsenen in der offenen Höhle geblieben wäre. Ein Leckerbissen für jedes Tier, das durch die Urzeit streifte. Dass wir inzwischen in Häusern leben, die verschließbare Türen und Zimmer mit Babyfonen haben, hat sich bei den Kleinen noch nicht herumgesprochen.

In vielen Ländern, die nicht zur westlichen Welt gehören, lassen Mütter auch heute ihre Kleinen nachts nicht allein. Dort sind kindliche Schlafprobleme in der Regel kein Thema und Bücher wie ›Jedes Kind kann schlafen lernen‹ oder ›Verdammte Scheiße, schlaf ein!‹ werden nicht – wie bei uns – zu Bestsellern.

Nun könnte man vorschlagen, dass alle Eltern dieser Welt in den ersten Jahren ihre Abende dem Kind opfern. Aber wo blieben dabei die Eltern, ihr Bedürfnis nach Ich-Zeit und Zweisamkeit?

Das Baby sollte also lernen, ohne Großeinsatz der Eltern, möglichst allein, in den Schlaf zu finden. Ab ungefähr sechs Monaten kann es dafür eigene Strategien entwickeln. Hilfsmittel können dann zum Beispiel Schnuller, Kuscheltier oder Kuscheltuch sein (das am besten nach Mama oder Papa riecht). Damit geht das Baby ins Bett – und zwar wach. Hat es sich erst einmal angewöhnt, auf dem Arm, im fahrenden Auto oder an Mamas Brust einzuschlafen, wird es das immer wieder einfordern. Umgewöhnung ist dann natürlich möglich – aber für beide Seiten nicht ganz einfach. Wach in seinem Bett kann das Baby üben, sich selbst zu beruhigen, indem es an seinen Händchen nuckelt oder ein bisschen vor sich hin quakt, bis es wegdämmert.

Auch hilfreich beim Zubettgehen sind Routinen. Ein Kind trennt sich abends leichter, wenn es sich geborgen und sicher fühlt. Spult man jeden Abend dasselbe erwartbare Programm ab, hangelt sich vom Pyjamaanziehen über Buchanschauen und Liedsingen zum Bett und zieht dort noch die Spieluhr auf, ist fürs Baby klar: Aha, jetzt geht's in die Heia.

Manchmal schläft ein Kind allerdings selbst dann partout nicht ein, wenn die Rahmenbedingungen optimal sind, es ritualisiert, frisch gewickelt und satt ins Bett gebracht wurde. Das liegt möglicherweise am falschen Moment, hat ein Forschungsteam des Züricher Kinderspitals herausgefunden. Die Kleinen sind manchmal einfach nicht müde, wenn sie ins Bett gelegt werden. Etwa alle 50 Minuten öffnet sich bei Babys tagsüber das sogenannte »Tor zum Einschlafen«: Nach einer aktiven Phase beginnt eine ruhige Phase. Verpasst man dieses Tor, werden die Kleinen wieder fit und liegen wach im Bett. Wer sein Baby hinlegt, weil es sich die Augen reibt oder gähnt, hat also bessere Chancen auf einen schnellen Start in einen kinderfreien Abend als jemand, der nur auf den Zeigerstand der Uhr schaut.

Liegt das Kind schlafend im Bett, ist die erste Hürde genommen, doch die Nacht noch lange nicht vorbei. Die meisten Babys wachen schon bald wieder auf. »Es schläft noch nicht durch«, ist ein Satz, den man von Eltern oft hört, während sie einen aus müden Augen anblicken.

Dazu muss man wissen: Niemand schläft durch. Auch Erwachsene nicht. Bis zu 30 Mal wachen Schlafende pro Nacht kurz auf, drehen sich um oder öffnen sogar für ein paar Sekunden die Augen. Eine Wachsamkeit, die aus der frühen Evolution der Menschheit übrig geblieben ist. Jäger und Sammler mussten auch nachts allzeit bereit

sein, ihr Leben gegen Angreifer zu verteidigen. Sind wir kürzer als fünf Minuten wach, vergessen wir dies in der Regel. Wir denken, wir hätten durchgeschlafen. Erst wenn die Wachphase länger anhält, wird der Mensch sich dessen bewusst. Dies passiert etwa ein- bis viermal pro Nacht. Schläft ein Baby nach Ansicht der Eltern durch, hat es gelernt, sich nach dem nächtlichen

Aufwachen allein zu beruhigen und ohne Hilfe ins Reich der Träume zurückzukehren. Womit wir wieder bei den Einschlafstrategien sind. Kann das Kind abends nur einschlafen, wenn es getragen wird, müssen Eltern wohl oder übel auch nachts Runden drehen. Braucht es zum Einschlafen eine Milchflasche, müssen sie ihm diese auch um drei Uhr morgens zubereiten.

Der Weg in den kindlichen Schlaf sollte also von Anfang an möglichst wenig elterliche Motorik erfordern. Ist die Einschlafhilfe ein Schnuller, muss man darauf hoffen, dass das Baby schnell lernt, ihn nachts allein wiederzufinden. Meist gleitet er nämlich irgendwann im Schlaf aus dem Mund, rutscht unters Kissen oder im übelsten Falle unters Bett. Dann krabbeln Mama oder Papa im Schein der Nachtlampe auf dem Boden herum. Sie können aber auch mal den Trick einer Mutter ausprobieren: Nachdem ihre Tochter eingeschlafen ist, verteilt sie rund um ihren Kopf zehn Schnuller und erhöht so die Trefferquote bei deren nächtlicher Suche.

Beim Einschlafen habe ich meiner Tochter meist meine Hand auf die Brust gelegt oder ihr über Stirn und Augen gestreichelt. Bis sie zwei Jahre alt war, schlief sie in einem Bett, das an unseres angedockt war. Wurde sie nachts wach, konnte ich einfach hinübergreifen und das Gleiche machen. Es wirkte wie eine Schlaftablette.

Die Selbstständigkeit des Nachwuchses – genau wie der Rücken der Eltern und die Fähigkeit des Kindes, nachts allein wieder in den Schlaf zu finden – leidet übrigens nicht darunter, wenn Mama oder Papa während des Einschlummerns bei ihm bleibt. Erst ab ungefähr zwei Jahren kann man ein Kind guten Gewissens in seinem Zimmer zum Einschlafen allein lassen. Dann versteht es, was passiert, und weiß: »Wenn ich aufwache, sind meine Eltern wieder da.«

Die gute Nachricht: Irgendwann ist das alles nicht mehr nötig. Aber wann?, fragen sich übermüdete Eltern. Nun könnte man mit Statistiken kommen. Aber wozu? Jedes Baby ist anders und Kinder, die »durchschlafen«, sind die Ausnahme. Trotzdem noch zwei Zahlen: Nur 39 Prozent der Zweijährigen schaffen es, mindestens sechs Stunden am Stück zu schlafen – also ohne nach Mama und Papa zu jammern oder zu schreien. Und 38 Prozent der Vierjährigen wecken ihre Eltern mindestens einmal pro Nacht, weil sie dann mitten in der »magischen Phase« stecken und Monster unter ihrem Bett fürchten. Es kann also ein bisschen dauern, bis endlich Ruhe im Elternschlafzimmer einkehrt.

Warum quälen Kinder Tiere?

Diese Frage spaltet den Bekanntenkreis. Die einen antworten entsetzt mit einer Gegenfrage: Welches Kind macht denn so etwas? Die anderen haben Erfahrungen: ihre eigenen. Manche rissen, als sie klein waren, Fliegen die Flügel und Beine aus, andere haben Schneckenhäuser geknackt, Regenwürmer zerteilt oder Ameisen mit einer Lupe versengt. Ein Freund reihte Regenwürmer hintereinander auf und fuhr dann mit dem Dreirad auf der Wurmstraße entlang.

Mein Bekanntenkreis besteht, soweit ich das beurteilen kann, aus anständigen Leuten, die heute keiner Fliege mehr etwas zuleide tun würden. Und niemand von den Befragten ist stolz auf das, was er oder sie damals mit diesen kleinen Lebewesen gemacht hat. Trotzdem haben sie es getan.

Von seiner Mutter, die ihn damals vom Balkon aus beim Dreiradfahren beobachtete, weiß der Regenwurm-Zerquetscher, dass er bei seiner Tat anscheinend ganz unaufgeregt wirkte, nicht wie ein Sadist, dessen Bösewicht-Lachen durch den Hof schallte. Eher wie ein Wissenschaftler bei der Ausführung eines Experimentes. Und so muss es sich für ihn wohl auch angefühlt haben. Ein Dreijähriger, der einen Regenwurm platt macht, tut dies nicht böswillig, sondern aus Neugier: Was passiert eigentlich, wenn ich …? Die Kleinen denken sich also nichts dabei, wenn sie krabbelnde und kriechende Wesen verstümmeln oder töten. Sie nehmen nicht an, dass sie dem Tier mit ihren Versuchen möglicherweise Schmerzen zufügen.

Die zweijährige Tochter einer Freundin zerdrückte kürzlich mit dem Finger eine Ameise. Als sie das Tier, das gerade das Zeitliche gesegnet hatte, vor sich liegen sah, sagte sie: »Oh, puttegangen!« Als wäre es eine Uhr, die plötzlich stehen geblieben ist. Anscheinend genoss sie, dass sie durch ihr Tun etwas bewirkt hatte: Knopf drücken = der Fahrstuhl kommt. Ameise drücken = bewegt sich nicht mehr (siehe »Warum drücken Kinder so gern Knöpfe?«).

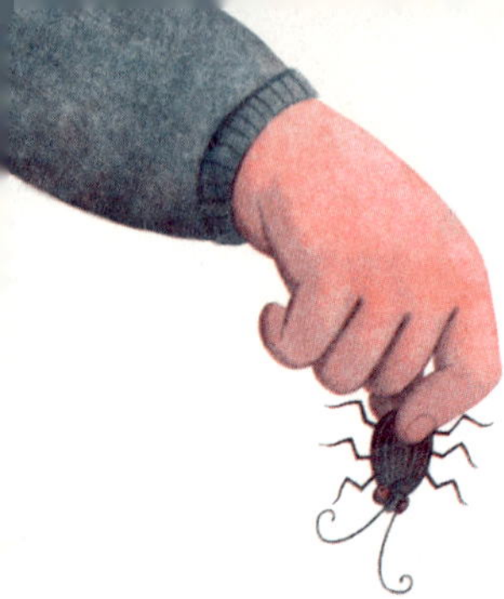

Aber nicht nur die wenig kuschelig anmutenden Insekten, Würmer und Spinnen müssen unter dem Unverständnis der Kleinen leiden. Um einen Hund zu stoppen oder von etwas abzuhalten, ziehen sie ihn im Eifer des Gefechts am Schwanz oder werfen sich auf ihn. Kleine Kinder behandeln ihre Haustiere oft wie ihren Teddy, dem macht es ja auch nichts aus, wenn man ihn am Ohr hinter sich herzieht.

Für den Nachwuchs hat es außerdem etwas Faszinierendes, mit Lebewesen zu spielen und dabei bestimmen zu können, was als Nächstes mit ihnen passiert. Bello herumschubsen, die Katze in den Schrank stecken oder Ameisen in ein Steingefängnis sperren und jeden Ausbrecher zerquetschen, das ist besonders toll für jemanden, der nicht einmal entscheiden darf, wann er abends ins Bett geht. Angeblich soll auch Charles Darwin Welpen aus Machtgelüsten geschlagen haben.

Manchmal benutzt ein Kind sein Haustier auch als emotionales Ventil. Tritt es plötzlich den Hund oder geht ruppig mit dem schreckhaften Meerschweinchen um, sollten Eltern das nicht nur sofort beenden – sondern gleichzeitig nachhaken, ob es vielleicht in der Kita oder woanders gerade Ärger gibt. Eine Attacke aufs Tier kann außerdem der Versuch sein, sich in den Mittelpunkt zu stellen. Wer die Katze in den Schwitzkasten nimmt, weiß alle Augen auf sich gerichtet. Vor allem, wenn ein neues Geschwister dem Kind die elterliche Aufmerksamkeit streitig macht, müssen Haustiere oft tapfer sein. In beiden Fällen gilt: Klare Ansage machen, dass das nicht geht – und dann gut zuhören und viel kuscheln.

Selbst seriöse Wissenschaftler sehen Tierquälerei zum Teil locker: Sie gehöre zu einer normalen Kindheit, so wie heimlich zu rauchen oder »Scheiße« zu sagen. Da bin ich anderer Meinung. Nachdem die Eltern – von mir aus mehrfach – erklärt haben: »Mach das bitte nicht! Die wollen das nicht! Du tust den Tieren weh! Die können auch sterben!«, sollte irgendwann Schluss sein.

Ab einem gewissen Alter muss die Empathie über Neugierde, Allmachtsfantasien, Aufmerksamkeitsdefizit und Aggressionen siegen – und zwar auch bei Hummeln, Spinnen und Schnecken, selbst wenn diese nicht vor Schmerz schreien, sondern reaktionslos weiterkrabbeln, obwohl sie gerade ein Bein verloren haben. Zum einen wissen wir bis heute nicht genau, ob und wie diese Tiere leiden – beim Versuch, dies zu untersuchen, stößt die Forschung bisher an ihre Grenzen. Zum anderen ist der Akt ja bei allen Lebewesen der gleiche: Vielleicht fängt es mit Käfern an, danach kommen Kröten, später Katzen. Viele Forscherinnen und Forscher gehen davon aus, dass diejenigen, die in jungen Jahren Tieren absichtlich Leid zufügen, später auch Gewalt gegen Menschen ausüben.

Mit fünf Jahren sollten Kinder mit der Tierquälerei aufhören, meint die Entwicklungspsychologin Stefanie Höhl. Sonst sei es bedenklich. Kinder, die auch mit sieben oder acht Jahren noch Käfer, Katzen, Frösche oder Fliegen bewusst leiden lassen (um zum Beispiel ihre Stimmung zu heben, gegen Langeweile oder weil sie sich abreagieren wollen), entwickeln später mit hoher Wahrscheinlichkeit eine dissoziale Persönlichkeitsstörung. In solchen Fällen sollten Eltern nicht lange fackeln und sich psychologischen Rat suchen – je eher, desto besser.

Warum verkleiden Kinder sich ständig?

Es gibt eine Zeit im Leben eines Kindes, in der es anscheinend alles sein will – nur nicht es selbst. Ständig wirft es die Alltagskleidung ab wie einen zu engen Panzer, hüllt sich in güldene Roben oder Superhelden-Umhänge, setzt Bauarbeiterhelme auf, legt Feenflügel an. Eltern frühstücken jetzt häufig mit Spiderman oder fahren eine Prinzessin zum Arzttermin. Die Phase, in der der Nachwuchs lieber Umhang statt Jacke trägt, beginnt mit etwa drei oder vier Jahren. Dann begreifen Kinder, dass es »ich« und die anderen gibt. Sie entwickeln die sogenannte »Theorie des Geistes«, können sich nun in andere hineinversetzen – und reizen diese neue Fähigkeit aus. Sie schlüpfen in alle möglichen Rollen – allein oder mit anderen. Und das macht nicht nur Spaß, es hilft ihnen auch dabei, die Welt besser zu verstehen. Man könnte sagen: Sie üben das Leben.

Am besten lernen die Kleinen, indem sie uns imitieren (siehe »Warum machen Kinder einem alles nach?«). Das können sie hervorragend, indem sie in Mamas Hosenanzug mit dem Hund schimpfen oder mit Papas Computertasche unterm Arm so tun, als wären sie spät dran. Sie mimen einen strengen Erzieher, die liebe Nachbarin oder einen Verkäufer im Supermarkt.

Die Lust aufs Verkleiden ist besonders groß, wenn die Kleinen ihre sogenannte magische Phase haben. Bis sie circa fünf, sechs Jahre alt sind, erscheint ihnen so ziemlich alles möglich: dass sie mit ihren Gedanken Berge versetzen, ihr Kuscheltier mit ihnen spricht (siehe »Warum lieben Kinder Kuscheltiere abgöttisch?«) oder ein schleimiges Wesen unter ihrem Bett lauert (siehe »Warum haben Kinder Angst vor Monstern unter ihrem Bett?«). Hexen, Elfen und Monster, genau wie der Weihnachtsmann und der Osterhase, könnten ihrer Meinung nach jeden Moment um die Ecke poltern, schweben oder hoppeln.

Aber egal, ob sie in eine Kopie ihres realen Lebens oder in ein Fantasiereich abtauchen, in beiden Fällen müssen Kinder die Perspektive wechseln, sich jedes Mal in jemand anderen hineinversetzen und versuchen, so zu handeln, wie der- oder diejenige es wohl tun würde. Sie vollziehen Gedanken und Gefühle nach. Im Rollenspiel geht es um soziale Regeln, die man einhält – oder bricht. Sie erproben und erforschen verschiedene Verhaltensweisen: Wenn ich jemanden herumkommandiere, wie fühlt sich das an? Und wenn ich ihn bediene? Noch wichtiger: Wie wird derjenige darauf reagieren?

Das alles immer und immer wieder durchzuspielen, hat bei Kindern anscheinend Folgen. An der Uni Konstanz und der Pädagogischen Hochschule Thurgau untersuchte die Schweizer Psychologin Sonja Perren das »Als-ob-Spiel« und fand heraus: Kleinkinder, die gut im Fantasiespiel sind, sind empathischer. Sie können sich schneller in andere einfühlen, haben bessere Beziehungen zu anderen Kindern und sind auch noch beliebter. Die Frage dabei ist allerdings: Was ist Ursache, was Wirkung? Entwickeln sich die sozial kompetenteren Kinder zu den besseren Rollenspielern? Oder werden Kinder durch vermehrte Rollenspiele besser darin, die Gefühle anderer einzuschätzen, und finden mehr Freunde? Perren geht von Letzterem aus.

Wer sich gern kostümiert, wird also vielleicht ein sozialerer Mensch. Und wahrscheinlich selbstbewusster. Denn Kinder lernen nicht nur Rollen spielend die Welt kennen, sie schaffen sich darüber hinaus eine eigene – über die sie die Kontrolle haben. Kostüme verleihen ihnen Macht. Nicht nur die von Rittern oder Superhelden. Endlich können sie die Bestimmer über das sein, was passiert. Und das ist eine große Sache für jemanden, der sonst höchstens mal entscheiden darf, ob er heute die grüne oder die blaue Jacke anzieht. Im Spiel entwerfen Kinder ihre eige-

nen Geschichten. Freunde werden zu Einhörnern bestimmt, Mütter zu Löwinnen, Väter zu Königen. Manchmal bekommen die Mitspieler sogar Sätze diktiert: »Jetzt musst du sagen, dass …« Im Rollenspiel stellen Kinder ihre eigenen Regeln auf. In ihrer Welt können sie Dinge tun, die sie normalerweise nicht wagen würden. Sie beschimpfen jemanden, sagen »Scheiße« oder legen die Füße auf den Tisch. Ist ja nur Spiel! Oder sie kompensieren, was ihnen im wahren Leben fehlt. Ein Sandwichkind, das zwischen seinen Geschwistern bisweilen untergeht, fühlt sich in der Rolle des Rockstars als etwas ganz Besonderes. Ein süßes blondes Mädchen, dem ständig der Kopf getätschelt wird, ist als Hexe unerwartet schrecklich und bedrohlich. Meine Tochter war monatelang Bibi oder Tina, ritt auf Amadeus oder Sabrina. Wahrscheinlich, weil sie gern unabhängig über Felder galoppiert wäre, sie aber lange Zeit viel zu leicht und zierlich war, um auch nur ein Zwerg-Pony zähmen zu können.

Einfach in eine andere Rolle schlüpfen. Beneidenswert, die Kleinen! Denn eigentlich ist es ja ziemlich gemein vom Leben, dass es uns quasi alle Möglichkeiten gibt – wir könnten Astronautin, Tänzer, Fußballprofi sein –, aber uns letztendlich nur eine Identität lässt. Zumindest in der Verkleidung können wir einmal alles ausprobieren und uns eine Auszeit von uns selber gönnen. Erwachsene machen das auch, aber nur, wenn sie Schauspieler sind oder einmal im Jahr an Karneval. Dann lassen sie den Arzt raus, dem die Frauen vertrauen, oder fahren als Katze ihre Krallen aus.

Während Erwachsene ihr Kostüm dann eher nutzen, um mal über die Stränge zu schlagen, kann die Verkleidung bei Kindern dazu führen, dass sie sich besser benehmen als sonst. Das zumindest legt die Studie eines Forschungsteams des Hamilton College und der University of Pennsylvania nahe. Für sie mussten 180 Kinder zwischen vier und sechs Jahren am Computer eine langweilige Aufgabe lösen, durften aber ein extrem

attraktives Videospiel spielen, wenn ihnen das zu öde wurde. Die Kinder wurden in drei Gruppen eingeteilt. Gruppe eins sollte sich die Frage stellen: »Arbeite ich fleißig?« Gruppe zwei fragte sich das Gleiche, sollte aber von sich dabei in der dritten Person sprechen. Zum Beispiel: »Arbeitet Theo fleißig?« Die Kinder in der dritten Gruppe durften sich als ihr Vorbild verkleiden und sollten sich auch selbst so ansprechen. Zum Beispiel: »Arbeitet Bob der Baumeister fleißig?« Alle fünf Minuten wurden die Kinder – oder ihre Figur – über Lautsprecher dazu aufgefordert, sich ihre Frage zu stellen. Das Ergebnis: Gruppe eins ließ sich besonders leicht von ihrer langweiligen Aufgabe ablenken. Gruppe zwei blieb deutlich länger bei der Sache. Die größte Ausdauer hatten die Kinder der dritten Gruppe.

Anscheinend können Kinder besser und konzentrierter an einer Sache arbeiten, wenn sie sich von sich selbst distanzieren. Im Kostüm gelingt es ihnen besonders gut, Selbstkontrolle auszuüben, vermutlich weil sie sich von der eigenen Unlust distanzieren können und sie verkleidet zudem so nobel handeln möchten, wie ihr Idol es bestimmt tun würde. Außerdem lenkt das Kostüm bestimmt auch von der langweiligen Aufgabe ab. Man sollte sein Kind also öfter mal als Fee oder

Batman herumlaufen lassen, dann zieht es sich beim nächsten Mal vielleicht superheldenmäßig schnell an oder räumt zauberhaft die Teller in den Geschirrspüler.

Warum schaukeln Kinder so gern und unermüdlich?

Großstadtkinder lernen auf Spielplätzen vor allem eins: Impulskontrolle. Sie sehen eine Schaukel, stürzen auf sie zu und wollen sofort losschwingen. Doch keine Chance! Immer hockt schon jemand drauf. Der Nachwuchs stellt sich also an und notgedrungen wartet man als Elternteil mit. Um die Sache zu beschleunigen, versucht man, Augenkontakt zum Schaukelbesetzer oder zum eventuell anschubsenden Elternteil aufzunehmen, und sagt ein wenig zu laut Sätze wie: »Schatz, der Kleine ist bestimmt bald fertig« oder: »Gleich bist du sicherlich dran.« Dabei schaut man sinnlos, aber mit Nachdruck auf die Uhr, bis das andere Kind endlich von der Schaukel geholt wird und das eigene dran ist. Zwei Minuten später drängelt schon das nächste.

Jedes Kind liebt es zu schaukeln. Mag die Begeisterung für Sandeimer und Förmchen irgendwann schwinden – sich auf einem hängenden Sitz in die Luft zu schwingen, wird selbst Teenagern nicht langweilig. Auch weil die Art und Weise des Schaukelns mit dem Können wächst. Jedes Alter hat seine eigene Schwingung. Die Kleinsten schaukeln zuerst auf dem Schoß von Mama oder Papa, danach allein, aber mit Anschubsen. Später ganz allein oder mal im Stehen, mit Freunden zu zweit aufeinander oder einander zugewandt.

Der Mut wird mit den Jahren immer größer, die Schwünge werden immer höher. Mal sehen, ob man sich nicht doch überschlagen kann – selbst wenn alle behaupten, das sei nicht möglich (aus physikalischen Gründen ist es das auch nicht). Aber man weiß ja nie. Fortgeschrittene lassen beim Schaukeln am höchsten Punkt los und katapultieren sich ins Leere. Als Kinder haben wir dabei lauthals Peter Schillings ›Major Tom‹ gesungen: »Völlig losgelöst von der Erde schwebt das Raumschiff.« So lange, bis es dunkel wurde und wir nach Hause mussten.

Wenn Kinder schaukeln, stimulieren sie dabei ihr Gleichgewichtsorgan. Dieses liegt in der Nähe des Innenohres und besteht aus drei Bögen, die mit Flüssigkeit gefüllt sind, wodurch es Verlagerungen im Raum wahrnimmt. In Zusammenarbeit mit anderen Sinnessystemen, wie zum Beispiel den Augen, verrät es uns, ob wir uns langsam oder schnell, vorwärts oder rückwärts, rauf oder runter, horizontal oder vertikal bewegen. Je heftiger Kinder beim Schaukeln den Schwerpunkt verschieben – Oberkörper runter, Füße hoch, Füße runter, Oberkörper hoch –, umso mehr versetzen sie das kleine Organ in Aufruhr. Endorphine und Adrenalin werden ebenfalls freigesetzt. Das sorgt für ganz besondere Gefühle. Ähnliches passiert, wenn Kinder so lange im Kreis rennen, bis sie umfallen, wild auf Matratzen hüpfen oder an den Händen von Mama oder Papa als Flieger herumwirbeln.

Klar, die Kleinen schaukeln, weil es ihnen Spaß macht. Sie wollen eine neue Dimension für sich entdecken und austesten. Laufen, Krabbeln, Stehen, Sitzen: das können sie inzwischen – und es ist ihnen nicht mehr genug (siehe »Warum muss auf Matratzen immer erst einmal gehüpft werden?«). Kinder müssen sich den Raum nach und nach erobern. Ihr Gleichgewichtsorgan ist noch nicht vollständig ausgereift, es muss Erfahrungen sammeln und lernen, Informationen mit dem zentralen Nervensystem zu verknüpfen. Das Auf und Ab und Hin und Her auf der Schaukel verbessern Körpergefühl und Orientierung im Raum. Und das hilft in allen Bereichen. So können zum Beispiel Kinder, die Probleme haben, auf einem Bein zu stehen, das durch regelmäßiges Schaukeln lernen. Vielleicht ist das ein kleiner Trost für alle Eltern, die sich regelmäßig im Sandkasten vergraben möchten, weil das Kind immer und immer wieder angeschubst werden will. Für das Kind ist es eine Trainingseinheit, also immerhin für etwas gut.

Schaukeln muss aber nicht unbedingt spaßig, wild und aufregend sein wie Tarzans Lianenschwung – die sanfte Variante stimuliert das Gleichgewichtsorgan ebenso. Schon Babys lieben Wiegebewegungen, die sie aus dem Mutterleib kennen und die beruhigend und einschläfernd sind. Junge Mütter erkennt man deshalb im Supermarkt daran, dass sie die Lebensmittel in ihrem Einkaufswagen gern vor- und zurückschuckeln – so wie sie es sonst mit dem Kinderwagen oder direkt mit dem Kind auf dem Arm machen.

Je mehr Anregungen – in welcher Form auch immer – das Gleichgewichtsorgan bekommt, umso schneller entwickelt es sich weiter. Das gilt auch für uns Erwachsene – wobei wir unsere Sinne vor allem gegen den Abbau stimulieren sollten. Wie sich das Schaukeln auf ältere Menschen auswirkt, hat eine Forschungsgruppe der amerikanischen Universität Rochester in einem Pflegeheim beobachtet. Sie ließ 25 Männer und Frauen sechs Wochen lang jeden Tag zwischen einer halben und zweieinhalb Stunden im Schaukelstuhl sitzen. Die schaukelnden Patienten schienen deutlich ausgeglichener zu sein als andere Heimbewohner, attestierte das Pflegepersonal. Aufregung, Ängste, Depressionen ließen nach. Die älteren Damen und Herren fragten seltener nach Schmerzmitteln (wahrscheinlich, weil das Schaukeln sie beruhigt und von ihren Schmerzen abgelenkt hatte) und kämpften beim Laufen weniger mit Gleichgewichtsproblemen.

Fassen wir zusammen: Schaukeln macht Spaß, kann beruhigen, das Wohlbefinden verbessern und sogar Schmerz lindern. Die Frage sollte daher eigentlich nicht lauten: »Warum schaukeln Kinder so gern?«, sondern »Warum schaukeln Erwachsene nicht öfter?«. Wer sich mal wieder auf die Schaukel schwingt, wird sich nach fünf Minuten wahrscheinlich angenehm berauscht fühlen.

Oder er hat Pech und gehört zu jenen Erwachsenen, denen nach ein paar Minuten auf der Schaukel übel wird. Das kommt häufiger vor. Endgültig erforscht ist dieses Phänomen noch nicht. Eine Vermutung: Jedem Menschen kann schwindelig werden, wenn die Informationen, die seine Augen, sein Gleichgewichtsorgan, die Muskel-, Haut- und Gelenkrezeptoren ans Hirn senden, nicht übereinstimmen (siehe »Warum spucken Kinder beim Autofahren?«). Sitzen wir ruhig auf einer Schaukel, unser Körper nimmt aber die schnelle Beschleunigung wahr, wenn wir durch die Luft fliegen, so ist das ein Widerspruch, den das Gehirn nicht verarbeiten kann. Der Körper reagiert mit Schwindel und Übelkeit.

Da Kinder ihre Augen nicht so stark auf den Horizont fixieren wie Erwachsene und mehr mit der

Bewegung schauen, wird ihnen vermutlich deshalb nicht so schnell schlecht. Außerdem sind sie es natürlich gewohnt herumzuwirbeln. Ihre Eltern werfen sie in die Luft, sie werden gedreht, sie schlagen Purzelbäume, machen Schweinebaumeln. Sie sind sozusagen im Training. Genau wie ein erwachsener Akrobat oder ein geschulter Tänzer, denen beim Schaukeln sicherlich auch nicht speiübel wird. Da kann der durchschnittliche Büromensch nicht mithalten. Aber immerhin bleibt ihm noch der Schaukelstuhl. Reinsetzen, das Baby auf den Schoß nehmen – und gemeinsam glücklich und entspannt eine Runde dösen.

Warum heißt es irgendwann Jungs gegen Mädchen?

Für einen Versuch teilte die amerikanische Psychologin Rebecca Bigler drei- bis fünfjährige Vorschulkinder in zwei Gruppen ein. Die eine Hälfte der Jungen und Mädchen steckte sie in rote, die andere in blaue T-Shirts. Bei der Verteilung ging sie völlig willkürlich vor. Die Kinder wurden von den Betreuern mit »Guten Morgen, Blaue, guten Morgen, Rote« begrüßt, sie bekamen farbige Namensschilder und gelegentlich sollten sie sich in zwei Reihen aufstellen, eine rote, eine blaue. Nach nur drei Wochen waren die Fronten klar: Auf Nachfrage wollten die Kleinen lieber mit den Kindern aus ihrer eigenen Farbgruppe spielen und auch deren Spielsachen mochten sie lieber. Die Roten hatten eine bessere Meinung von den Roten, die Blauen von den Blauen. Man kann nicht sagen, dass die einen die anderen gehasst hätten. Die anderen waren schon okay. Aber eben nicht so toll wie die eigene Gruppe.

Eine T-Shirt-Farbe reicht also bereits aus, um ein künstliches Wir-Gefühl zu kreieren. Da ist es kein Wunder, wenn das unterschiedliche Geschlecht Kindergartengruppen spaltet. Ich Junge, du Junge, das passt! Lass uns Freunde sein.

Sich in Gruppen zusammenzufinden, ist völlig menschlich. Wir sind soziale Wesen und wollen irgendwo dazugehören. Erwachsenen geht es genauso, wenn sie sich jubelnd für eine Fußballmannschaft begeistern oder likend auf Facebook verbünden. Kindern ist es besonders wichtig, sich als Teil einer Gemeinschaft zu fühlen. Zu einer Gruppe zu gehören, hilft ihnen dabei, herauszufinden, wer sie sind. Und sie haben einen stark ausgeprägten Wunsch nach Orientierung. Sie müssen sich in dieser unübersichtlichen Welt ja erst noch zurechtfinden. Das ist auch ein Grund, warum sie zum Beispiel Märchen lieben: Dort ist alles so schön einfach, die Guten sind nur gut, die Bösen nur böse – und am Ende verbrennt das Böse im Ofen oder muss sich in glühenden Schuhen zu Tode tanzen. Herrlich klare Verhältnisse!

Mit etwa drei Jahren bilden sich im Kindergehirn Strukturen, mit denen die Kleinen ihre Umwelt nach Kategorien ordnen können. Das machen sie mit Spielzeug, Sammelobjekten oder Essen. Menschen unterscheiden sie nun nach Haarfarbe, Hautfarbe, Geschlecht. Bereits mit zweieinhalb wissen sie selber, ob sie weiblich oder männlich sind – und wollen nicht mehr Baby sein, sondern ein Mädchen oder ein Junge. Da ihre geschlechtliche Identität für sie neu ist und wenig sicher erscheint, streben sie nach Eindeutigkeiten. Und was wäre ein eindeutigerer Beweis für ihre Identität als die Abgrenzung von anderen? Kinder untermauern ihre Geschlechtszugehörigkeit in diesem Alter mit Sätzen wie »Du darfst hier nicht durch, du bist ein Mädchen« oder »Jungs sind doof«.

Es geht plötzlich ein Riss durch die Kitagruppen. Eltern merken das spätestens, wenn der Geburtstag des Nachwuchses ansteht und Mädchen fast nur noch Mädchen einladen wollen, Jungen fast nur Jungen. Obwohl das vorher ganz anders war. Für den dritten Geburtstag meiner Tochter teilten wir genauso viele Einladungen an Jungen wie an Mädchen aus. Mit fünf war nur noch ein Julius unter den Gästen. »Was ist denn mit deinen Freunden Jim, Luis, Johannes?«, fragte ich. »Ach, die wollen nicht mehr, dass ich mit ihnen spiele. Die wollen nur noch kämpfen«, sagte meine Tochter und war sichtlich betrübt darüber.

Tatsächlich ziehen Jungen in der Regel die härteren Grenzen. In einer von Erzieherinnen geprägten Kindergartenwelt (in unserer Kita gibt es zwei Männer, der eine ist der Hausmeister) wollen sie sich anscheinend gegen die vielen weiblichen Anwesenden abgrenzen. Ihre Truppe hat für Jungen eine erhebliche Bedeutung, auch deren Regeln und Meinung. So erzählte mir die Mutter eines dreijährigen Sohnes, dass ihr Kleiner

am Morgen in Tränen ausgebrochen sei, weil er eine Strumpfhose unter seine Schneehose anziehen sollte. Er hätte also in einer Strumpfhose in den Gruppenraum laufen müssen. Vorher kein Problem. Doch nun war es eine Demütigung.

Wer jetzt denkt: »Das war doch früher nicht so schlimm«, der hat wahrscheinlich recht. Gendermarketing mit Tüten-Nudelsuppen für Piraten oder mit rosafarbenen Globen gab es in den 1970er- und 80er-Jahren noch nicht. Es hat die Trennung der Geschlechter sicherlich angetrieben wie Nigel Farage den Brexit (siehe »Warum lieben alle Jungs Bob den Baumeister?« und »Warum haben Mädchen die rosa Phase?«).

Aber auch Erzieher und Erzieherinnen nehmen Einfluss darauf, wie gut sich Jungen und Mädchen im Kindergarten verstehen: Gibt es im Spielzimmer eine kleine Küche für die Mädchen in der einen Ecke und eine Werkzeugbank für die Jungen in der anderen? Kleben an den Kleiderhaken für Mädchen Schmetterlinge, an denen für Jungen Dinos? Werden die Jungen schon mal allein in den Hof geschickt, damit sie sich austoben, während die Mädchen sich ein wenig ausruhen können (siehe »Warum sind Jungs so wild?«)? All das treibt einen Keil zwischen die Geschlechter.

Bei der anfangs beschriebenen Studie der Psychologin Rebecca Bigler wurden die rot und blau angezogenen Kinder zusätzlich – rot-blau gemischt – in zwei Räume aufgeteilt. In dem einen Raum wurden die Farben nicht weiter erwähnt. Zum Gruppendenken kam es nach drei Wochen trotzdem – aber es war weniger stark ausgeprägt als in der Gruppe, in der die Farben betont wurden.

Sollte man das Geschlecht also am besten einfach gar nicht erwähnen? Es ignorieren? Nein, meint Bigler. Jungen und Mädchen wüssten ohnehin, dass es Unterschiede zwischen ihnen gebe. Aber es sei wichtig, mit ihnen darüber zu sprechen, sonst suchten sie sich selber eine Erklärung dafür. Und das kann nach hinten losgehen. 2006, im Jahr, bevor Hillary Clinton sich erstmals um die Kandidatur der Demokraten für die Präsidentschaft bewarb, fragte Bigler die Kinder einer Vorschulklasse: »Warum gab es noch keine US-amerikanische Präsidentin?« 20 Prozent der Kinder antworteten: »Weil Frauen weniger qualifiziert sind.« Wenn es zwei oder mehr Gruppen gibt, werden Kinder immer annehmen, dass die eine besser ist als die andere. Außer man liefert ihnen einen guten Grund dafür, warum das nicht der Fall ist.

Warum schlafen Kinder quer im Bett?

Wer das Kind in sein Bett lässt, ist nicht mehr Herr über die eigene Schlafposition. Die meisten Eltern kämpfen dann nachts entweder mit kleinen Füßen im Rücken oder mit einem dicken Babykopf, der sich ihnen in den Bauch drückt. Manchmal wird das Familienbett auch zu einer Art Fightclub: Das Kind platziert Ausfalltritte Richtung Brust, Blase, Kinn und Magen, fuchtelt im Schlaf herum und verteilt Backpfeifen. Um den Sicherheitsabstand zu wahren, kauern Mama und Papa irgendwann an ihren äußersten Bettkanten und hoffen, nicht herauszufallen.

Der Nachwuchs schläft selten ordnungsgemäß. Kopf oben, Füße Richtung Bettende scheint den kleinen Schlafrebellen zu widerstreben. Meist findet man sie querbett auf der Matratze. Es gibt Bildfolgen, für die Kinder nachts regelmäßig fotografiert wurden – manche schafften eine ganze Umdrehung. In einem Internetforum schreibt eine Mutter, dass sie es total niedlich finde, wie ihr Sohn immer quer im Bett schlafe. Doch eine Freundin habe ihr nun gesagt, dass solche Kinder später sehr schwierig würden. Querulanten sozusagen. Von allen anderen Müttern im Forum wurde diese Theorie vehement und heftig angezweifelt.

Die Frage nach dem Warum bietet viel Raum für Spekulationen. Hier ein paar Vermutungen, die nicht wissenschaftlich belegt sind, aber meiner Meinung nach plausibel klingen:

1. Unterbewusst tasten alle Menschen im Schlaf das Bett ab, um zu wissen, wie weit sie sich bewegen können, bevor sie rausfallen. Ein Baby oder ein Kleinkind hat in einem Doppelbett für Erwachsene unendlich viel Fläche zum Abtasten. Es wandert hin und her auf der Suche nach dem Rausfallschutz: uns.

2. Babys lieben Begrenzungen. Im Mutterleib war es eng und kuschelig. Deshalb mögen sie es auch, in ein Tuch eingewickelt – gepuckt – zu werden. Wir haben unserer älteren Tochter ein aufgerolltes Handtuch um den Kopf gelegt, um es ihr vertraut behaglich zu machen. Im Doppelbett müssen die Kleinen sich fühlen wie ein dahindümpelndes Schiff auf hoher See. Sie drehen sich also so lange, bis sie oben und unten einen Widerstand spüren, an den sie andocken können.

3. Der US-amerikanische Kinderarzt William Sears schreibt in seinem Buch ›Schlafen und Wachen‹ von der »H-Lage«. Im Familienbett bilde das Baby

mit Mama und Papa ein H – wobei es der Mittelstrich sei. Sein Erklärungsversuch: Wahrscheinlich wolle das Baby im Schlaf stets seine beiden wichtigsten Bezugspersonen berühren. Säuglinge richteten dabei meist den Kopf zur Mutter – der Milchquelle – aus.

Theorie Nummer drei gefällt mir persönlich am besten. Nein, Babys sind keine kleinen Egoisten, die sich rücksichtslos in unseren Betten breitmachen. Sie wollen nur beide Elternteile berühren. Sie suchen unsere Nähe. Hach, da tun die nächtlichen Tritte gleich gar nicht mehr so weh.

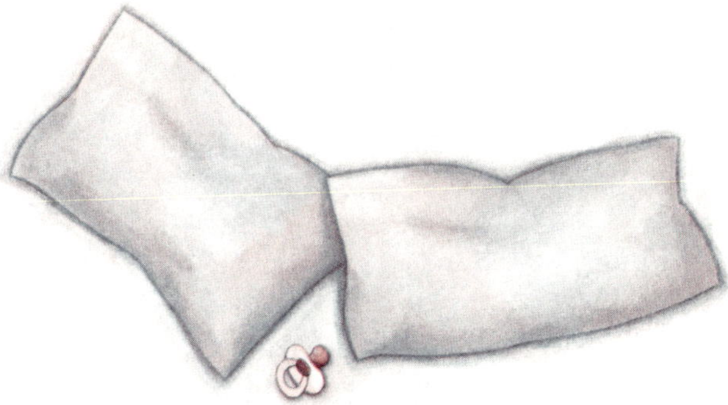

Warum fragen Kinder so viel nach dem Tod?

Über den Tod spricht niemand gern. Der Gedanke an ihn ist unangenehm, flößt Angst ein, macht traurig. Mag er zum Leben dazugehören, wir wollen ihn lieber nicht dabeihaben. Wir schweigen ihn tot, so gut es geht. Eltern versetzt es deshalb in eine Schockstarre, wenn der Nachwuchs irgendwann ganz freiheraus fragt: »Wann stirbst du eigentlich?«

Meine kleine Tochter war vier, als sie das zum ersten Mal von mir wissen wollte. Es erwischte mich eiskalt. Wir standen im Bad und ich gab gerade Zahnpasta auf ihre Bürste. Einen Moment lang musste ich innehalten und überlegen: Wie reagiere ich möglichst kindgerecht auf diese schwerwiegende Frage? Jetzt nur nichts Falsches sagen! »Das weiß ich nicht«, war meine Antwort. Dem Kind schien sie zu genügen. Ich war erleichtert. In den folgenden Wochen stellte mir meine Tochter immer wieder Fragen zur Vergänglichkeit: »Stirbt Opa als Nächster?«, »Wer bestimmt eigentlich, wann wir sterben?«, »Wo sind wir, wenn wir tot sind?« Dabei gab es keinen akuten Anlass für ihr Interesse an Exitus und Vanitas: Niemand, den wir kennen, war erkrankt, kein Verwandter oder Bekannter verstorben. Ich begann, mir Sorgen zu machen: War mit meinem kleinen morbiden Mädchen alles in Ordnung?

Psychologische und pädagogische Untersuchungen meinen: ja. Ungefähr ab dem vierten Lebensjahr wollen Kinder wissen, was es mit dem Tod, von dem sie manchmal etwas mitbekommen, über den aber niemand mit ihnen spricht, auf sich hat. Das ist völlig normal. Dann entwickeln sie ein Zeitbewusstsein und fragen: »Wo war ich, bevor ich hier war?« Und: »Müssen auch meine Eltern sterben?« Die Kleinen wollen das Leben verstehen, Zusammenhänge begreifen. Jede Antwort gibt ihnen das Gefühl von Sicherheit in einer für sie noch sehr undurchschaubaren Welt. Sie fragen also – und fragen und fragen. Nicht nur nach dem Tod. Dass Erwachsene auf »Warum regnet

es?« oder »Wie schnurren Katzen?« eine rationale Antwort geben können (auch wenn sie diese vielleicht googeln müssen), sie bei der Frage »Wie kommt man in den Himmel?« allerdings keine Wegbeschreibung parat haben, das wissen sie nicht.

Einen besonderen Reiz für Kinder hat der Tod und alles, was damit zu tun hat, auch durch uns. Kommt das Thema auf, drucksen wir herum, versuchen vielleicht auszuweichen. Werden kurz blass. Natürlich denkt sich da der Nachwuchs: Wie spannend, da sollte man doch mal nachhaken.

Inzwischen weiß ich, wie ich am besten mit den Sterblichkeitsfragen meines Nachwuchses umgehe. Ich gebe sie zurück. Das hat mir der Familienberater Jan-Uwe Rogge einmal in einem Interview empfohlen. So fühlt das Kind sich ernst genommen und seine Antworten sind abgeklärter und rationaler als all das, was ich selber sagen würde. Als meine Tochter mich zum Beispiel ein weiteres Mal nach dem Zeitpunkt meines Todes fragte, antwortete sie auf meine Gegenfrage »Was meinst du, wann ich sterben muss?« trocken: »Bald, du bist ja schon alt.« Recht hat sie. Seufz.

Angst vor dem Tod und seinen Folgen scheinen kleine Kinder noch nicht zu haben. Das Sterben beschäftigt sie zwar, löst bei ihnen aber in etwa so viele erkennbare Emotionen aus wie ein Alienangriff bei Mister Spock. Vater-Mutter-Kind spielen sie gern mal ohne Vater-Mutter. »Ich bin ein Mädchen, das ganz allein ist. Die Eltern sind tot«, wird ohne jegliches Anzeichen von Traurigkeit bestimmt. Sätze wie: »Peng, du bist tot!« oder »Ahhhh, ich sterbe!« gehören zum festen Rollenspiel-Repertoire – als müsste man das Töten und Sterben ausprobieren und üben. Und die Tochter einer Freundin töpferte ihr im Ferienkurs keinen Kerzenständer, sondern ein hübsches kleines Grab.

Diese unaufgeregte Art und Weise, mit dem Tod umzugehen, mag Erwachsene manchmal irritieren. Es gibt aber einen guten Grund dafür. Das Konzept Tod können kleine Kinder kaum erfassen. Sie müssen erst lernen, was es damit auf sich hat. Je nachdem wie weit ihre kognitiven Fähigkeiten sind oder welche Erfahrungen sie im Leben bereits gemacht haben, gewinnen sie Schritt für Schritt neue Erkenntnisse. Bis sie drei Jahre sind, können die Kleinen mit dem Begriff Tod noch nichts anfangen. Irgendwann wird ihnen dann klar, was er zumindest physisch bedeutet: Wenn Menschen oder Tiere sterben, dann hat das Herz aufgehört zu schlagen. Der Körper funktioniert nicht mehr, Arme und Beine kann ein Toter nicht bewegen.

In Studien hat man zudem herausgefunden: Nur zehn Prozent der Dreijährigen können sich vorstellen, dass einmal tot immer tot heißt. Der Rest nimmt an, es gebe ein Zurück. Tote sind nur auf einer Reise oder halten ein Schläfchen. Die verstorbene Oma durch einen Zauber aufzuwecken oder die tote Katze mit einem Leckerli wiederzubeleben, scheint ihnen möglich. Bei den Vierjährigen versteht schon etwas mehr als die Hälfte das Prinzip der Endgültigkeit.

Die Universalität des Todes wird ihnen ebenfalls erst später klar. Anfangs nehmen Kinder an, bestimmte Gruppen von Menschen – wie Eltern oder Erzieher – würden vom Sensenmann verschont. Sie selber natürlich auch. Es sterben immer nur die anderen.

Frühestens mit sieben Jahren haben Kinder das ganze Ausmaß des Todes durchdrungen. Und spätestens dann macht er ihnen manchmal auch Angst. Wenn meine große Tochter abends im Bett daran denken muss, dass ihre Eltern irgendwann sterben werden, ist es nicht einfach, sie zu trösten. Was soll man dazu auch sagen? Wir alle wissen, wie unausweichlich, unwiderrufbar und schrecklich die Sache ist.

Ich habe also recherchiert, was Eltern in solch einer Situation tun sollen. Zunächst einmal auf das Kind eingehen und nicht versuchen, das Thema schnell vom Tisch zu wischen. Dann dem Kind versichern, dass man vorhat, noch lange zu leben, und alles dafür tut, um möglichst fit und gesund zu bleiben. Und das mache ich. Am Morgen, nachdem ich darüber mit meiner Tochter gesprochen habe, gehe ich in der Regel erst einmal eine Runde Joggen.

Warum sammeln Kinder alles?

Viele Haustüren, hinter denen Kinder leben, sind leicht zu erkennen. Als wollte jemand ein Lagerfeuer im Hausflur entzünden, lehnen daneben Stöcke an der Wand. Bei jedem Ausflug ins Grüne stellt der Nachwuchs einen neuen hinzu. Auch bei uns dekorieren Äste den Eingang. Muscheln und Steine horten meine Töchter in ihren Zimmern. Früher lagen sie dort – verteilt wie Streusel auf dem Kuchen – überall herum. Inzwischen habe ich sie in große Apothekergläser gefüllt. Aufgelesene Kronkorken und Kastanien hängen in Beuteln an den Schranktüren. Vogelfedern fliegen aus Hygienegründen schnell wieder raus (selbst wenn jede Türklinke mehr Keime haben mag). Doch kaum entsorgt, flattern die nächsten ins Haus. Als wären sie kleine Steinzeitmenschen, die Vorräte und Werkzeuge in ihre Höhle schleppen, sammeln Kinder alles, was ihnen unter die Finger kommt.

Bereits bei Zwei- und Dreijährigen findet man die ersten Kollektionen. Was Kinder anhäufen, mutet oft skurril an: Radkappen, tote Insekten, Bonbonpapier. Später werden überwiegend Sachen gesammelt, die man nicht auf der Straße oder im Park findet, sondern im Laden: Radiergummis, Aufkleber, Spielzeugautos in allen Farben, Formen und Größen. Oder Sammelkarten mit

Pokémons, Fußballern oder Bibi und Tina. Von dem Geld, das Eltern in Einhörner, Superhelden-Figuren und Glubschis (diese Kuscheltiere mit überdimensionalen Glitzeraugen) stecken, könnten sie vermutlich einen Großteil ihrer Rente finanzieren.

Um herauszufinden, was Mädchen und Jungen zum Sammeln antreibt, wurden bereits Studien durchgeführt. Unter anderem erforschte der Erziehungswissenschaftler Ludwig Duncker mit einem Team der Universität Gießen 550 Kinderkollektionen und befragte ihre Besitzer. Eine Erkenntnis daraus: Durch das Anhäufen von Gegenständen wollen Kinder die Welt besser verstehen lernen und sich intensiv mit ihr auseinandersetzen. Trägt ein Kind zum Beispiel Steine nach Hause, kann es sich in Ruhe mit ihnen beschäftigen, sie genau untersuchen, zählen, vergleichen, sortieren. Es erkundet einen kleinen Ausschnitt dieser großen, chaotischen Welt. So schafft der Nachwuchs sich einen Bereich, in dem alles vertraut, überschaubar und in Ordnung ist.

Wobei die Kategorisierung von Kleinkindern nicht unbedingt den Vorstellungen eines Erwachsenen entspricht. Anfangs raffen sie in unseren Augen recht wahllos alles Mögliche zusammen und sind stolz darauf, was sie alles gefunden haben. Bei älteren Kindern wird das Gesammelte meist nachvollziehbarer strukturiert. Meine neunjährige Tochter etwa sortiert ihre Aufkleber akribisch. Jede Seite in ihrem eigens dafür angelegten Hefter hat ein anderes Überthema: Es geht nach Motiv (Tiere, Baby-Tiere, Menschen, Pflanzen, Essbares), Besonderheiten (Glitzer, Glanz) und Haptik (2D, 3D).

Hinter dem kindlichen Sammeln steckt natürlich auch der Wunsch, etwas zu besitzen. Den Reiz kennt jeder. Muss es denn noch ein Paar Pumps sein? Ja, muss es. Die sind einfach zu schön. Da die Kleinen keine Reichtümer anhäufen können, nehmen sie Knöpfe oder Streichholzschachteln. Materieller Wert spielt eh noch keine Rolle. Wie einen Schatz aus Gold und Diamanten holen sie ihre Kollektionen immer wieder hervor, schauen sie an und freuen sich darüber.

Voller Stolz lassen sie Mama und Papa oder auch die Nachbarin an ihren gesammelten Werken teilhaben. Bei der Präsentation geht es nicht nur darum, zu zeigen, was sie haben, sondern auch, wer sie sind. Gerade Kleinkinder sind sich da ja noch nicht ganz sicher. Aber bestimmt ist jemand, der 20 Einhornfiguren besitzt, etwas Besonderes und unterscheidet sich von den anderen.

Außerdem können die Fabelwesen und andere Kollektionen dabei helfen, sich mit Freunden zu verbinden, indem man gemeinsam sammelt, über sie fachsimpelt, sie tauscht. Im besten Falle eignen Kinder sich beim Sammeln nicht nur materiell, sondern auch intellektuell etwas an. Wenn Neugier an einem Thema die Sammellust entfacht hat, führt sie meist zu Expertenwissen, mit dem Kinder selbst Erwachsene beeindrucken können. Oder wussten Sie, welcher Dinosaurier Fußabdrücke hinterließ, die so groß wie Badewannen waren. Nein? Dann hätte ich da einen Fünfjährigen, der Ihnen den in seiner Dino-Sammlung bestimmt gern einmal zeigt.

Warum streiten Geschwister sich andauernd?

Erwarten Eltern ein zweites Kind, haben sie so ihre Vorstellungen: Das Erstgeborene bekommt einen Spielkameraden, einen Freund fürs Leben, einen Verbündeten gegen Mama und Papa. Man malt sich aus, wie die Geschwister sich gegenseitig Zöpfe flechten, gemeinsam Streiche aushecken oder auf Bäume klettern, wie die Kleine den Großen anhimmelt und die Große dem Kleinen Gutenachtgeschichten vorliest.

Von dieser Harmonie, wie wir sie vielleicht aus ›Die Waltons‹ kennen, bleibt in der Realität wenig übrig. Freundliche Gesten und liebe Worte sind zwischen Brüdern und Schwestern – das weiß man dann später – so selten wie funkelnde Diamanten in dunklen Stollen. Meist klingen Geschwister so:

»Meins!«

»Ich hatte das zuerst!«

»Jetzt ich!«

»Nein, ich!«

»Du kannst das gar nicht!«

»Ich bin dran!«

»Ich kann das besser!«

»Guck nicht so blöd!«

»Ich will aber den Teller!«

»Sie hat mehr!«

»Hör auf!«

»Du nervst!«

»Ich bin schneller!«

»Dumme Kuh!«

»Blödmann!«

Treffen Geschwister aufeinander, gibt es meistens Streit. Fast jeder Anlass scheint willkommen, damit sie in der Manier von Fußballvätern am Spielfeldrand aufeinander losgehen können. Ständig bricht ein handfestes Gerangel aus oder böse Worte fliegen im Pingpong hin und her. Man hat das Gefühl, die Kinder würden nur ab und zu eine kurze Atempause einlegen, bevor es mit dem nächsten Geschrei weitergeht.

Als Eltern stellen sich einem da die Nackenhaare auf. Bin ich denn hier im Irrenhaus? Das ist doch nicht normal, denkt man. Doch, ist es. Professorin Laurie Kramer von der University of Illinois hat herausgefunden, dass Drei- bis Siebenjährige 3,5-mal in der Stunde streiten. Zwei- bis Vierjährige geraten sogar 6,3-mal in der Stunde aneinander, so eine kanadische Studie. Das heißt: Sie strapazieren alle zehn Minuten die Nerven ihrer Eltern.

Tiefer liegende Gründe für die oft trivial wirkenden Streitigkeiten sind fast immer Rivalität und Eifersucht. Jedes Geschwisterkind will sich im Familiengefüge behaupten. Schließlich muss man ständig teilen – das Spielzeug, die Süßigkeiten, das Zimmer. Keiner will sich die Butter vom Brot nehmen lassen und schlechter dastehen als der andere. Die Größeren fühlen sich häufig als die Chefs und können schon mehr, das ärgert die

Kleinen. Wer findet es schon lustig, wenn man stolz eine Rolle vorwärts vorführt und dann vom spöttisch lächelnden Bruder oder der souverän grinsenden Schwester mit einem Radschlag übertrumpft wird. Dafür gehen die Kleinen den Großen gehörig auf die Nerven, weil sie zum Beispiel nicht teilen können oder ständig mit Wutanfällen die Aufmerksamkeit auf sich ziehen.

Und um die Aufmerksamkeit der Eltern wird heftig gebuhlt. Geschwister sind eine Prüfung: Immerzu muss man warten, weil Mama oder Papa gerade mit dem Bruder reden, die Schwester trösten, das Baby wickeln. Mit Argusaugen achten Geschwister deshalb darauf, dass Eltern ihre Anteilnahme, Liebe und Zeit ganz gerecht verteilen. Vor allem natürlich an sie. Es gibt Streit darum, wer auf Mamas Schoß sitzen darf, wenn sie vorliest, oder wer den Knopf im Fahrstuhl oder auf der Fernbedienung drückt (siehe »Warum drücken Kinder so gern Knöpfe?«). Das mag uns Erwachsenen banal erscheinen. Aber je nachdem, wie die Sache fürs Kind ausgeht, meint es, daraus deuten zu können, wer der Bestimmer unter den Geschwistern sein darf, wer sich durchsetzt und letztendlich: wen Mama und Papa lieber haben.

Traute Zwei-, Drei- oder auch Viersamkeit unter Brüdern und Schwestern gestaltet sich zudem schwierig, weil sie in der Regel ganz unterschiedliche Temperamente haben (siehe »Warum sind Geschwister meist so verschieden?«). Das führt zu Reibung. Gegensätze rempeln sich in diesem Falle an.

Für die Erstgeborenen, die von ihren Geschwistern vom Thron gestoßen werden, kann die Geburt der neuen Mitbewohner sogar zum traumatischen Erlebnis werden. »Bis heute hat mein Sohn uns nicht verziehen, dass wir noch zwei weitere Kinder bekommen haben«, fasste es eine Dreifach-Mutter zusammen. Eine andere war den Tränen nahe, als sie mir erzählte, dass sie den großen Bruder dabei erwischt hatte, wie er der Baby-Schwester wehtat. Ohne ersichtlichen Grund, er war anscheinend einfach nur genervt von ihrer Existenz. Unsere erste Tochter wurde nach viereinhalb zufriedenen Jahren als Einzelkind große Schwester, und ich habe noch nie jemanden so oft sagen, weinen, jammern, schreien hören: »Das ist unfair!« Sie fühlte sich grundlegend ungerecht behandelt.

Damit Mütter sich besser in ihre Erstgeborenen hineinversetzen können, wird in Geschwisterkursen gern ein Vergleich gezogen: Stellen Sie sich vor, eines Tages kommt Ihr Mann mit einer zweiten Frau nach Hause, die er genauso liebt wie Sie.

Und nun sollen Sie das bitte akzeptieren, die neue Frau bei sich einziehen lassen und gute Miene dazu machen. Nein, das fände niemand schön.

Nun könnten Eltern sagen: Tja, so ist das halt. Da können wir nichts machen. Doch, können wir. Wir können dabei helfen, dass unsere Kinder sich besser verstehen, indem wir aufhören, Eifersucht und Rivalität unter ihnen zu schüren. Denn das tun Eltern. Zum Beispiel indem sie ihre Sprösslinge, wenn auch ungewollt, nicht immer gleich und gerecht behandeln. Dass das so ist, belegt eine Studie der University of California, wonach 74 Prozent der Mütter und 70 Prozent der Väter insgeheim ein Lieblingskind in der Familie haben. Und das spüren die Kleinen leider. Unsere Vorliebe für eins unserer Kinder ist dabei aus evolutionärer Sicht durchaus sinnvoll. Der Nachwuchs soll unsere Gene weitergeben und wir sind darauf programmiert, uns vor allem um jenes Kind zu kümmern, bei dem sich Liebe und Aufmerksamkeit am Ende wahrscheinlich am meisten auszahlen. Jahrtausende der Sozialisation haben uns natürlich inzwischen dabei geholfen, diesem Impuls zu widerstehen und ihn sogar umzukehren (oftmals stecken wir einen Großteil unserer Energie in die Betreuung von Kindern, die eine Behinderung haben oder als »schwierig« gelten). Aber die

Vorzugsbehandlung fürs Lieblingskind steckt anscheinend immer noch in uns. Wir sollten also darauf achten, keinem unserer Kinder das Gefühl zu geben, weniger geliebt oder schlechter behandelt zu werden. Und wenn man mal eines bevorzugen muss – etwa, weil es krank ist oder der Altersunterschied es erfordert –, dann sollte man dies den Geschwistern unbedingt erklären.

Ein weiterer Fehler, den Eltern begehen, ist das Ziehen von Vergleichen. Sätze wie »Kannst du nicht mal nachgeben, so wie dein Bruder?« oder »Schau mal, wie schön ruhig deine Schwester spielt!«, bringen den Nachwuchs gegeneinander auf.

Kommt es zum Streit, sollten Eltern gut überlegen, wie sie reagieren. Meist greifen Mütter und Väter zu schnell ein. Wobei ein dazwischengerufenes »Müsst ihr denn schon wieder streiten?« übrigens eine völlig sinnlose Floskel ist. Tatsächlich sollte man erst einmal versuchen, sich aus einem Geschwisterstreit herauszuhalten. Vielleicht können die Kleinen ihren Konflikt allein lösen. Gelingt es ihnen nicht oder werden sie sogar handgreiflich, dann sollte man vermitteln.

Wobei vermitteln nicht heißt, den Schuldigen zu finden oder Partei zu ergreifen. Eltern sind keine Schiedsrichter. Wie sollen sie auch nachvollziehen, was genau vorgefallen ist? Die kleinen Streithähne sind als Informanten so brauchbar wie blinde Hühner. »Sie haut!«, »Er lügt!«, mehr erfährt man in der Regel nicht über den Tathergang. Am besten lässt man sich von beiden Parteien Sachverhalt und Gefühlslage schildern. Was ist passiert und wer ist warum sauer, traurig, gekränkt? Danach sollte man versuchen, gemeinsam eine Lösung zu finden. Wurde zum Beispiel wegen einer Puppe gestritten, mit der beide Kinder spielen wollten, könnte man vorschlagen, sie abwechselnd zu benutzen oder eine zweite Puppe zu holen.

Klingt simpel. Ist es häufig auch. Doch die Kleinen müssen ja erst lernen, wie das mit der Konfliktbewältigung funktioniert. Tatsächlich sind Brüder und Schwestern dafür ganz hervorragende Sparringspartner. Hat ein Kind Stress mit einem Spielkameraden, kann es ihn mit den Worten »Du bist nicht mehr mein Freund!« abfertigen und beleidigt gehen. Geschwister aber bleiben. Ihnen kann man sich nicht einfach entziehen, irgendwann muss man sich wieder vertragen. Und das ist die große Chance. Geschwister trainieren unentwegt ihre sozialen und friedensstiftenden Fähigkeiten miteinander. Eine Langzeitstudie der University of Pittsburgh zeigt: Wer zu Hause hilfreiche Konfliktstrategien geübt hatte, der nahm sie auch mit in die Schule und war dort besonders verträglich und geschickt darin, Konflikte zu lösen. Also: Auch wenn es Nerven kostet, das ständige Geschrei ist am Ende doch für etwas gut.

Warum pinkeln Babys immer auf dem Wickeltisch?

Kaum hat man das Baby auf dem Wickeltisch von seiner Windel befreit, beginnt der Wettlauf mit dem Pipistrahl. Es muss schnell gehen: alte Windel auf, vorn herunterklappen, Beine hoch, einmal kurz mit dem Feuchttuch wischen (muss reichen), Po hoch, Windel weg, neue Windel drunterschieben, zuklappen, zukleben. Fertig! Dagegen agieren Mechaniker beim Boxenstopp in der Formel 1 wie altersschwache Zombies. Das Wickeltempo ist entscheidend, sonst wird man zum begossenen Pudel. Ein kurzer Moment des Zögerns oder der Unaufmerksamkeit (verträumtes Herumspielen mit dem Säugling, heruntergefallene Rassel aufheben) reicht, und die Pipiattacke trifft einen lauwarm und im hohen Bogen.

Vor allem Eltern von Jungen müssen beim Wickeln auf der Hut sein. Sie hantieren mit Molltüchern um den Penis herum, bauen Schutzwälle aus Windeln und sind immer zum Sprung bereit wie Jackie Chan. Was sich im Umkreis von eineinhalb Metern um den Wickeltisch herum befindet, liegt in der Gefahrenzone und droht eingepieselt zu werden. Bettchen, Gardinen, Fußboden – und natürlich der Wickler. Mädchen-Eltern kennen das Phänomen ebenfalls: Sobald die Windel ab ist, wird dem Urin freien Lauf gelassen. Aber das weibliche Pinkeln ist selten spektakulär. In der Regel plätschert es nur heraus.

Natürlich ist es keine Absicht, wenn das Kind einen frontal anpullert, auch wenn es sich manchmal so anfühlt (hat der Kleine nicht gerade gegrinst?). Babys können sich gar nicht in den eingenässten Wickler hineinversetzen und seinen Ärger verstehen. Davon einmal abgesehen, haben sie keine Ahnung davon, was sie da eigentlich gerade wie machen. Die Nervenbahnen zwischen Gehirn und Blase müssen bei Kindern erst noch ausreifen, damit sie spüren, dass die Blase voll und bereit zur Entleerung ist. An eine Kontrolle des Schließmuskels ist sowieso noch lange nicht zu denken. Die Kleinen sind von ihrem Pipistrahl genauso überrascht wie wir. Weshalb es auch vorkommt, dass kleine Jungen sich selber anpieseln. In unserem Krabbelkurs traf einer zielsicher direkt ins eigene Ohr. Hat ihm nicht gefallen.

Wenn der Junior uns abschießt, sobald der Hintern frei liegt, ist das eine Art Reflex. Der Druck der Windel ist weg, das Baby spürt untenrum plötzlich Freiheit. Dazu kommt der Temperaturwechsel. Ein kühler Lufthauch streichelt den Po, und die Blase entleert sich. Wärme führt genauso dazu, dass die Kleinen lospullern. Sie entspannen sich und lassen los.

Manche Kinder pinkeln auch vor Schreck. Vielleicht nicht auf dem Wickeltisch. Aber direkt nach der Geburt. Die Kleinen kommen mit fast 50 Millilitern Fruchtwasser in der Blase auf die Welt. Bei meiner Tochter traf es die Ärztin, andere Kinder erleichtern sich nach einem Kaiserschnitt auch schon mal direkt in den noch offenen Bauch der Mutter. Plötzlich auf die Welt zu kommen, kann einen ganz schön überrumpeln. Und keine Sorge: Urin ist steril.

Mit Pipi und Kacka haben junge Eltern ungewöhnlich viel zu tun. Man redet mit anderen Menschen über die Konsistenz des Baby-Stuhlganges, als würde es um die neue Wandfarbe im Esszimmer gehen. Und in Foreneinträgen im Internet erfährt man ganz genau, was auf den Wickeltischen der Nation los ist: Eine Mutter macht sich zum Beispiel Sorgen, weil der Penis ihres sechs Monate alten Sohnes beim Urinieren immer schlaff herunterhänge. »Warum pinkelt er nicht im Bogen?«, fragt sie. Nach einem Besuch beim Kinderarzt kann sie Entwarnung geben. Die Vorhaut ihres Sohnes sei wohl für sein Alter schon sehr weit und offen, das Pipi könne einfach so herausfließen. Kleine Jungen kommen normalerweise mit einer natürlichen Vorhautverengung zur Welt, die Eichel und Harnröhre unter anderem vor Keimen schützen soll. Der Urin geht also nicht so ungehindert durch. Er staut sich minimal, das Glied wird aufgerichtet. Mit dem Pipidruck steigt bei den Kleinen auch der Penis – und es heißt: »Pulleralarm!« Kann wie ein Frühwarnsystem funktionieren. Am besten wirft man dann ein Tuch drauf oder geht in Deckung.

Die Unkontrollierbarkeit des Pinkelns wird im Leben von Jungs-Müttern auch ohne Windel und Wickeltisch ein Thema bleiben. Selbst wenn die Kleinen später auf dem Klo sitzen, findet der Strahl häufig einen Weg zwischen Becken und Brille hindurch. Im Stehen geht natürlich auch stets einiges daneben. Wie sagte einmal eine Mutter von zwei Jungen: »Sie haben ihren Penis eigentlich immer in der Hand. Nur nicht beim Pinkeln.«

Warum können kleine Kinder nicht teilen?

Dem Nachwuchs fehlen noch ein paar soziale Fähigkeiten. Er benimmt sich zuweilen schlecht. Zum Beispiel wenn jemand ihm Süßigkeiten schenkt, die er dann mit anderen Kindern teilen soll. Er will es partout nicht. Stattdessen brüllt das Kind wie Julius Cäsar mit Blick auf Gallien: »Alles meins!« Das ist für die Eltern unangenehm. Peinlich berührt zerren sie an der Bonbon-Tüte und versuchen, das Ausgeben zu übernehmen.

Um teilen zu können, braucht man einen Sinn für Gerechtigkeit. Nun könnte man mutmaßen, dass die Kleinen diesen noch gar nicht besitzen. Doch überraschenderweise verstehen Kinder bereits extrem früh das Konzept und erwarten auch, dass Dinge gerecht aufgeteilt werden. Das fand ein Forschungsteam am Max-Planck-Institut für evolutionäre Anthropologie in Leipzig heraus, als es 15 Monate alten Mädchen und Jungen verschiedene Szenen vorspielte, in denen unter anderem Kekse an zwei Personen verteilt wurden – mal fair, mal unfair. Nun konnten die Kleinen, wenn die Ressourcen ungleich an die Personen gingen, zwar nicht mit Worten protestieren: »Das ist nicht in Ordnung!« Aber die Forschenden lasen an den Reaktionen der Kinder ab, ob sie eine Situation als richtig oder falsch empfanden.

Wurde ungleich verteilt, schauten diese sich die Szene länger und aufmerksamer an, so als würden sie denken: Moment mal, da stimmt doch was nicht.

Ist der Sinn für Gerechtigkeit also angeboren? Das empirische Experiment spräche dafür, und so vermuten manche Wissenschaftler, dass Fairness evolutionär erworben ist. Früher wurde schließlich gemeinsam gejagt und die Beute musste gerecht aufgeteilt werden, damit die Sippe überleben konnte. Andere Forscher halten dagegen, dass selbst 15 Monate alte Kinder wahrscheinlich schon oft von ihren Eltern gehört haben: »Du musst abgeben.« Es ist also nicht ausgeschlossen, dass selbst in diesem frühen Entwicklungsstadium eine Vorstellung von Fairness bereits anerzogen ist. Genau klären konnte man diese Frage bisher nicht.

So oder so: Die Theorie des Teilens sitzt bereits früh. Mit der Praxis hapert es allerdings noch. Das belegt nicht nur der tägliche Umgang mit den Kleinen, sondern das zeigen auch sogenannte Diktatoren-Spiele, wissenschaftliche Experimente, in denen kindliche Probanden Gegenstände oder Geld bekommen und bestimmen dürfen, wie viel sie davon abgeben und wie viel sie selber behalten.

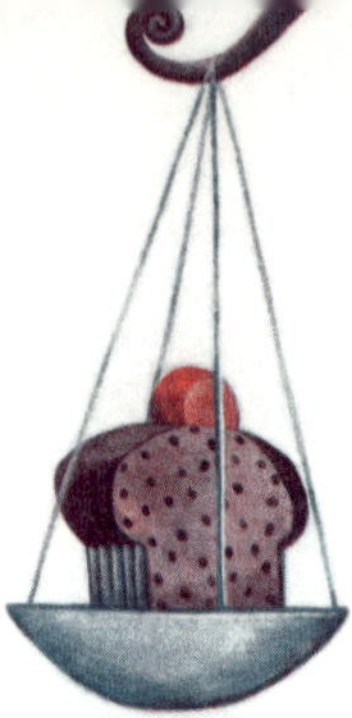

In einem Versuch, der von einer Forschungsgruppe der University of Michigan durchgeführt wurde, bekamen Kinder zwischen drei und acht Jahren je vier Aufkleber. Diese sollten sie mit einem anderen Kind teilen. Die Dreijährigen konnten zwar bereits gut erklären, wie das gerecht vonstattengehen müsste. Nämlich: zwei für dich, zwei für mich. Und sie wussten auch, dass es richtig wäre, es genauso zu machen. Sie richteten sich aber nicht danach. Die jungen Kinder behielten die meisten – wenn nicht sogar alle Sticker – für sich. Selbst die Sechsjährigen entschieden meist zu ihrem Vorteil. Erst die Sieben- bis Achtjährigen teilten fair.

Kleine Kinder wissen also bereits, dass man gerecht teilen sollte, können es aber nicht. Denn um teilen zu können, muss man seinen egoistischen Impuls, alles für sich haben zu wollen, kontrollieren. Und dazu sind kleine Kinder noch nicht in der Lage. Schuld daran sind ihre Gehirne. Das für Impulskontrolle zuständige Hirnareal, der präfrontale Kortex, ist dafür bekannt, dass er sich erst spät voll entwickelt und funktionell vernetzt. Im Kindergartenalter verändert er sich noch einmal ganz massiv. Deshalb können Kinder umso besser teilen, je älter sie werden.

Gibt es also mal wieder Geschrei, weil der kleinkindliche Nachwuchs etwas abgeben soll, aber nicht mag, können Eltern das erst mal auf die Reifung des Gehirns schieben und sagen: Ich erkläre dem Kind natürlich ständig, dass Teilen wichtig ist. Aber dieser präfrontale Kortex, tss! Wir müssen warten, bis der so weit ist.

Warum versteckt Kinder

sich so gern –

und sind trotzdem

so verdammt

schlecht darin?

Immer wieder gibt man ihm eine Chance: Man schließt die Augen und zählt bis zehn. Das Kind könnte nun in den Wäschekorb klettern, sich unters Bett zwängen oder in den Schrank steigen. Aber nein: Man macht die Augen wieder auf und der Nachwuchs steht hinter dem halb heruntergelassenen Rollo. Vom Hals abwärts lugt der Rest des Kinderkörpers klar und deutlich hervor. Beim nächsten Versuch kauert das Kind vielleicht unter dem Glastisch, stülpt sich einen Karton über den Kopf oder steckt unterm Teppich, sodass dieser aussieht, als wäre ihm gerade eine Beule gewachsen.

Es ist offensichtlich: Kinder sind im Versteckspielen so gut wie Fische im Seilspringen. Die meisten ihrer Unterschlupfe sind nur eine minimale Steigerung dazu, sich die Hände vor die Augen zu halten. Was die ganz Kleinen ebenfalls für eine gute Strategie beim Verstecken halten, wie wir später sehen werden.

Aber es gibt durchaus einen Grund für die aus unserer Sicht ungünstige Platzwahl: Kleine Kinder haben ein anderes Verständnis vom Sehen und Gesehenwerden als wir. Wie das genau ausschaut, haben Wissenschaftlerinnen und Wissenschaftler der University of Cambridge untersucht. Sie setzten Mädchen und Jungen zwischen zweieinhalb und vier Jahren eine undurchsichtige Brille auf und fragten: »Kann ich dich sehen?« Die Kinder antworteten mit Nein. Die Frage »Kann ich deinen Körper sehen?« beantworteten jedoch fast alle mit Ja. Und als sich ihr Gegenüber die undurchsichtige Brille aufsetzte, meinten sie, diese Person nicht sehen zu können, deren Körper aber schon.

Woran machen Kinder also Unsichtbarkeit fest? Die Forscher in Cambridge führten weitere Tests durch. Das Ergebnis: Den Kleinen kommt es nicht auf die eigene Sehfähigkeit an, sondern auf die Augen des anderen, auf den Blickkontakt. Sie »sehen« einen Menschen nur, wenn sie ihm in die Augen schauen

können. Und umgekehrt kann der andere sie nur dann sehen, wenn sie ihn anschauen. Für Kinder scheint es beim Verstecken also eine Art Wahrnehmungs-Wir zu geben: »Wir müssen uns anschauen, damit du mich sehen kannst.«

Um sich richtig raffinierte Verstecke überlegen zu können, fehlt kleinen Kindern ein wichtiger Entwicklungsschritt, der zur sogenannten Theory of Mind, der »Theorie des Geistes«. Erst zwischen drei und vier Jahren sind sie in der Lage, die Perspektive einer anderen Person einzunehmen: Was geht in meinem Gegenüber vor? Was denkt und fühlt es?

Selbst wenn sie sich schließlich in jemand anderen hineinversetzen können, haben die Knirpse beim Versteckspielen aber noch ein weiteres Handicap: Bis zum Alter von fünf Jahren fehlt ihnen eine gewisse räum-

liche Vorstellungskraft. Sie hocken sich zum Beispiel hinter das Sofa, das frontal betrachtet wie das perfekte Versteck wirkt. Dass man sie von oben jedoch gut sehen kann, realisieren sie nicht.

Trotz alledem verstecken sich Kleinkinder liebend gern – und wenn die Erwachsenen mitspielen, indem sie den Nachwuchs eine Zeit lang bereitwillig übersehen, bringt es den Kindern eine Menge Spaß. Schon bei der Suche nach einem Versteck rennen sie hektisch hin und her, quietschen vor Aufregung. Dann verharren sie mucksmäuschenstill und mit angehaltenem Atem, während der Erwachsene um sie herumstreift wie ein Tiger, der auf Beute lauert. Die Anspannung steigt fast ins Unermessliche.

Und dann kommt die Erlösung: Sie werden entdeckt. Das ist das Größte überhaupt. Denn Kinder verstecken sich auch, weil sie gefunden werden möchten. Wer gesucht wird, ist auf eine gewisse Art wichtig. Wenn Kinder sich vernachlässigt fühlen, rennen sie in manchen Fällen von zu Hause weg, in der Hoffnung, dass jemand sie suchen kommt. Versteckspielen folgt einem ähnlichen Prinzip: Im übertragenen Sinne verschwinden Kinder manchmal, um gesehen zu werden.

Vom Versteckspiel gibt es übrigens auch eine Baby-Edition: Beim sogenannten Kuckuck-Spiel (oder peakaboo, wie die Engländer sagen, oder Guguseli, wie es bei den Schweizern heißt) hält man sich etwas vor die Augen – die Hände oder ein Tuch zum Beispiel –, nimmt es wieder weg und ruft »Buh« oder »Kuckuck«. Es ist eins der ersten Spiele, die Babys spielen können. Schon mit etwa sechs Monaten kann man die Kleinen so bespaßen. Und wenn sie circa ein Jahr alt sind und verstehen, dass sie von anderen Personen gesehen werden können (das wissen sie vorher nämlich nicht), können sie sich selbst hinter ihren Händen verstecken.

Immer und immer und immer wieder ist dieses Spiel bei Babys ein riesiger Erfolg. Der Reiz an der Sache: Die Kleinen bauen eine Erwartung auf, die sich kurz darauf erfüllt. Sie denken: Mama ist verschwunden, gleich wird sie zurück sein. Und tatsächlich: Da ist sie wieder.

Besonders faszinierend ist es, Kinder unter sieben Monaten bei dem Spiel zu beobachten, denn sie glauben, dass Personen und Gegenstände, die ihr Blickfeld verlassen, einfach aufhören zu existieren. Aus dem Auge, aus der Welt sozusagen. Da ist es umso überraschender und vor allem schöner, wenn die Mama plötzlich doch wieder um die Handkante schaut.

Warum pflücken Kinder Blumen?

Kaum ist der Frühling da, kommt man mit dem Kind an keinem noch so kleinen Stück Rasen vorbei, ohne dass es aufs Grün rennt. Es eilt von Blüte zu Blüte, reißt jede wie einen gerade geborgenen Schatz an sich und versucht, alle Blumen in seine kleine Faust zu quetschen. Dabei knickt mindestens die Hälfte der Stängel ab, an den anderen hängen noch Erdklumpen. Dieses struppige Pflanzen-Knäuel bekommt man dann feierlich überreicht.

Kinder lieben es, Blumen zu pflücken. Wissenschaftliche Erkenntnisse, warum sie es tun, gibt es leider bisher nicht. Am besten befragt man also die kleinen Pflückerinnen und Pflücker selbst, sie haben zwar keinen akademischen Grad, aber viel Erfahrung in der Feldforschung. Ein Dreijähriger gab zu Protokoll: »Weil Blumen so schön sind« (darüber waren sich übrigens alle Befragten einig). Das Pflücken mache Spaß und sei nicht so gefährlich wie zum Beispiel ein Feuer anzuzünden, meinte eine Vierjährige. Und ein Sechsjähriger sagte: »Ihr Großen schenkt euch doch auch manchmal Blumen. Wenn ich das mache, fühle ich mich so erwachsen.«

Meine Tochter habe ich ebenfalls befragt, sie ist fünf. Ihre Antwort: »Weil du es nicht immer leicht hast. Du bekommst nicht immer das, was du willst. Zum Beispiel Urlaub.« Da hat sie recht. Und anscheinend mangelt es mir häufiger an etwas. Meine Tochter pflückt mir regelmäßig Blumen. Es wären noch mehr, wenn ich ihr nicht öfter mal sagen würde, dass es netter ist, sie stehen zu lassen, damit auch andere Menschen sich daran erfreuen können. Die Sache mit den geschützten Arten und den Samen, die nicht ausgesät werden, wenn Blumen in einer Vase in der Wohnung stehen, werde ich ihr später erklären.

Alternativ zu den frischen Wiesenblumen hebt meine Tochter deshalb in letzter Zeit oft Blüten auf, die sie am Boden findet. Da diese aus einem Balkonkasten in unseren Hof geweht wurden oder beim Abtransport einer Mülltonne auf die Straße gefallen sind, sehen sie meistens nicht mehr besonders schön aus. Doch das stört meine Tochter nicht. Jede Blüte wird überglücklich und voller Stolz an mich überreicht. Und ich stelle sie natürlich in ein kleines Wasserglas auf den Küchentisch. Schließlich geht es nicht darum, die Wohnung zu verschönern. Es geht um Liebe!

Pflücken Kinder Blumen, dann tun sie das nicht für sich. Zumindest kenne ich kein Kind, das seinen gesammelten Strauß nach Hause trägt, um ihn ins eigene Zimmer zu stellen. Sie tun es für uns. Es ist eine Liebesbekundung. Auch wenn sie das

nicht konkret in Worte fassen können und stattdessen anführen, wie schön die Blumen sind, wie viel Spaß das Pflücken macht und wie erwachsen sie sich dadurch fühlen. Den Kleinen ist klar, dass Blumen zu schenken ein Weg ist, eine Beziehung aufzubauen oder, im Falle der Eltern, aufrechtzuerhalten. Früh begreifen sie, dass Beziehungen auf Gegenseitigkeit beruhen. In entwicklungspsychologischen Tests geben bereits Einjährige etwas zurück, wenn sie vorher etwas bekommen haben. Und da wir ihnen ja regelmäßig Dinge schenken, wollen sie uns ebenfalls Präsente überreichen. Sie sind stolz, dass sie so etwas wie ein Bouquet Gänseblümchen selber produzieren und uns geben können.

Auch mit getöpferten Kerzenständern, Hasen aus Klopapierrollen oder sehr vielen selbst gemalten Bildern sagen sie: »Ich liebe dich.« In den ersten Lebensjahren sind wir ihre absoluten Lieblingsmenschen, ihre VIPs. Sie kennen noch keinen Justin Bieber und keine Ariana Grande. Wir sind ihre unangefochtenen Stars. Am liebsten würden sie uns täglich mit Ehr-

erbietungen überhäufen und sehen, wie wir uns darüber freuen. Unsere Anerkennung ist für die Kleinen die größte Motivation, etwas zu tun (siehe »Warum machen Kinder einem alles nach?«).

Ich sammle pflichtbewusst alle Geschenke meiner beiden Töchter in einer Schublade – und bewahre sie dort für einen nach meinem Empfinden angemessenen Zeitraum auf. Später entdecken meine Töchter ihre Liebesbekundungen manchmal im Müll. Dann war es immer unsere Putzfrau. Es tut mir leid, Mary! Aber ich weiß mir nicht anders zu helfen.

Blumen vergehen im Gegensatz zu selbst gebastelten Strohsternen oder gekneteten Herzen in Regenbogenfarben zum Glück irgendwann von ganz allein. Nur ab und zu presse ich ein paar in dicken Büchern und vergesse dann, in welchen. Finde ich sie später zufällig beim Durchblättern wieder, fühle ich mich aufs Neue sehr geliebt – und wünsche mir ganz fest, dass meine Kinder auch in zehn Jahren noch manchmal für mich über Rasenflächen und Wiesen hüpfen werden – oder Blüten im Hof aufsammeln.

Warum machen Kinder so oft nicht das, was man ihnen sagt?

Kinder sind kleine Tyrannen! Immerzu wollen sie ihren gerade erst entdeckten eigenen Willen ausprobieren und austesten, wie weit sie gehen können, bevor ihre Eltern vor lauter Wut anfangen zu schreien oder mit einem Heulkrampf in der Ecke des Kinderzimmers zusammenbrechen.

Das ist wohl die Antwort, die viele Erwachsene auf die Frage geben, warum ein Kind auf Durchzug schaltet und so tut, als wären die Erziehungsberechtigten bloße Luft, obwohl sie direkt vor ihm stehen, immer und immer wieder dasselbe predigen, gestikulieren, anfangen zu drohen, bitten und betteln, erhört zu werden: »Räum deine Sachen weg!«, »Zieh die Jacke an!«, »Wasch dir die Hände!« Und sicherlich stimmt das auch häufig: Die Kleinen sind einfach bockig, weil sie sich ab einem gewissen Alter von Mama und Papa lösen und autonom werden wollen. Grundsätzlich kann man sagen: Im Verlauf der Entwicklung wird der Wunsch nach Eigenständigkeit bei den Kleinen immer größer.

Ist ein Kind allerdings jünger als vier Jahre, müssen Eltern dessen Unfolgsamkeit mit anderen Augen betrachten. Dann hat der Nachwuchs nämlich noch keine sogenannte »Theory of mind« entwickelt. Er ist also nicht in der Lage, sich in eine andere Person hineinzuversetzen. Und wie soll jemand, der die Gefühle und Absichten seines Gegenübers nicht nachvollziehen kann, bitte schön kooperieren?

Erschwerend kommt hinzu, dass die Kleinen auch noch kein Zeitverständnis haben. Drängeln bringt bei ihnen deshalb genauso wenig wie die Bitte, sich eine halbe Stunde zu gedulden, bevor der Schokoladenpudding gegessen werden darf. Was ist denn eine halbe Stunde (siehe »Warum trödeln Kinder immer so?«)?

Davon einmal abgesehen, entwickelt sich bei Kindern das für die Impulskontrolle zuständige Hirnareal, der präfrontale Kortex, erst spät. Es fällt den Kleinen also schwer, ein Bedürfnis aufzuschieben. Wie schwer, belegt der berühmte Marshmallow-Test. In diesem Versuch wird Kindern eine Süßigkeit angeboten und ihnen versprochen: Nimmst du sie erst nach einer gewissen Wartezeit, bekommst du zur Belohnung die doppelte Portion. Die meisten Kinder greifen trotzdem sofort zu. Schwierige Voraussetzungen für Folgsamkeit. Man sollte daher versuchen, Verständnis für seinen Nachwuchs aufzubringen.

Manchmal dringen Anweisungen eines Erwachsenen aber auch einfach nicht bis zum Kind durch. Es hat vielleicht gerade Wichtigeres zu tun,

steckt mitten in einem Spiel oder ist anderweitig sehr intensiv mit etwas beschäftigt. Wenn gerade der Dinosaurier den Lokführer frisst oder der eine Bauklotz verdammt noch mal nicht auf dem anderen liegen bleiben will, hat ein Kind kein Ohr für den Teller, der in die Spüle geräumt werden soll. Wer in solch einer Situation etwas bei seinem Kind erreichen will, muss wahrscheinlich warten, bis der Lokführer gerettet oder der Bauklotz gelegt wurde. Und er sollte seine Art der Kommunikation hinterfragen. Viele Eltern schreien ihr Anliegen quer durch den Raum oder sogar von einem Raum in den anderen. Dieser Ruf verhallt. Besser, man platziert sich vor dem Kind, geht zu ihm hinunter, sieht ihm direkt in die Augen und äußert seinen Wunsch klar und deutlich. Das erhöht die Chancen, erhört zu werden, ungemein.

Einen weiteren Grund für die Unfolgsamkeit der kleinen Rebellen, Zeitlosen, Unkontrollierten und Spielvernarrten hat eine Forschungsgruppe der University of Colorado in Denver erforscht. In einer Studie gelangten die Wissenschaftler und Wissenschaftlerinnen zu der Erkenntnis: Kindern fehlt die Fähigkeit, in die Zukunft zu schauen und dafür zu planen. Bis zum Schulalter würden sie einfach nicht begreifen, welchen Effekt eine Handlung auf die Zukunft hat. Zwischen jetzt und später stellen sie anscheinend keine Verbindung her. Deshalb reagieren sie auf eine Aufforderung nicht sofort. Sie warten und sammeln Informationen, bis sie damit etwas anfangen können. Sagt man einem Kind: »Setz deine Mütze auf!« oder »Räum die Legosteine weg!«, wird es die Notwendigkeit dafür nicht verstehen. Erst wenn es mit rot gefrorenen Ohren vor der Tür steht oder ihm der Fuß schmerzt, weil es auf einen Legostein getreten ist, sieht es Handlungsbedarf und erinnert sich daran, was man ihm gesagt hat. Statt wie eine gesprungene Schallplatte immer wieder dieselbe Anweisung zu geben, ist es darum besser, diesen Zusammenhang dem Kind deutlich zu machen. Oder man nimmt einfach die Mütze selbst in die Hand und gibt sie dem Nachwuchs erst draußen, sobald ihm kalt am Kopf wird und er die Brisanz der Lage am eigenen Körper erfährt.

Wer das kompliziert und anstrengend findet, kann sich schon einmal auf die Pubertät freuen. Dann macht das Kind nicht einfach nur nicht, was man ihm sagt, sondern auch noch genau das Gegenteil davon – und zwar mit voller Absicht.

Die Expertenrunde

Um alle Kinderverstehfragen wissenschaftlich fundiert und fehlerfrei beantworten zu können, waren wir auf die Expertise von Fachleuten angewiesen. Ihnen allen gilt mein Dank für wertvolle Hinweise und Ratschläge.

Einige unter ihnen waren mir eine besonders große Hilfe, sie haben mich permanent unterstützt und mir in zahlreichen Gesprächen weitergeholfen:

Prof. Dr. Oskar Jenni

Seit fast 20 Jahren erforscht Jenni die Entwicklung und das Verhalten von Kindern. Als Schüler und Nachfolger von Erziehungs-Guru Remo Largo hat sich der leitende Arzt der Entwicklungspädiatrie am Universitäts-Kinderspital Zürich wissenschaftlich nicht nur mit den Schlafgewohnheiten der Kleinen auseinandergesetzt, sondern auch mit ihrer Bauklotzbauweise, ihrem Bewegungsdrang und ihrer Kuscheltierliebe. Kein Wunder also, dass der Vater von vier Söhnen zu fast allen Fragen im Kinderverstehbuch etwas sagen konnte. Dabei vermittelte er wissenschaftliches Fachwissen über Themen wie »Theory of mind« oder »Objektpermanenz« für Laien verständlich und auf typisch unaufgeregte Schweizer Art.

Prof. Dr. Stefanie Höhl

Der Forschungsschwerpunkt der Leiterin des Arbeitsbereichs Entwicklungspsychologie an der Universität Wien (www.kinderstudien.at) ist die soziale und kognitive Entwicklung von Babys und Kindern: Wie nehmen die Kleinen ihre Umwelt wahr? Wie lernen sie von anderen Menschen? Und wie kommunizieren sie? Als Mutter zweier Jungen im Alter von fünf und neun Jahren hat Stefanie Höhl zu Themen wie Wutanfälle, Trödeln oder Gier nach Süßigkeiten neben Studienergebnissen auch so einige persönliche Erfahrungswerte beigetragen.

Dr. Margret Ziegler

Die Oberärztin im kbo-Kinderzentrum München leitet die ›Münchner Sprechstunde für Schreibabys‹ – eine der ersten Beratungsstellen in Deutschland für Säuglinge und Kleinkinder mit ihren Eltern (1991 von Prof. Dr. Mechthild Papoušek gegründet). Die Mutter eines erwachsenen Sohnes kennt sich also mit schreienden und schlafgestörten Kindern aus, aber auch mit ihrer Vorliebe für das immergleiche Essen, Reime und kleine Kitzelattacken.

Dr. Stevie Meriel Schmiedel

Die promovierte Kulturwissenschaftlerin und Genderforscherin half bei allen Kapiteln, in denen es um den Unterschied zwischen Mädchen und Jungen geht. Stevie Schmiedel ist Vorstandsvorsitzende der Protest- und Bildungsorganisation ›Pinkstinks‹ gegen Sexismus in Deutschland – und eine unorthodoxe Feministin. So hat sie sich ihren Vornamen zum Beispiel nicht selbst zugelegt, um möglichst genderneutral auftreten zu können. Für ihre britische Mutter war es ein typischer Mädchenname wie der von Fleetwood-Mac-Sängerin Stevie Nicks. Und auch bei ihren Töchtern versucht die Deutsch-Britin, entspannt zu bleiben: Mehrfach bot sie ihnen Barbie-Puppen zum Spielen an. Beide lehnten aber stets ab.

Luise Kaller

Wie vielen Kindern die Beleghebamme an der berühmten Berliner Charité in ihren über 50 Berufsjahren auf die Welt geholfen hat, kann sie nicht genau sagen. Nach der 10.000sten Geburt vor über 20 Jahren hat Luise Kaller aufgehört zu zählen. In ihrem Buch ›Bauch-Gefühl‹ gibt sie schwangeren Frauen Tipps. Aber vor allem die Betreuung der Neugeborenen und ihrer Familien nach der Entbindung liegt der zweifachen Mutter und Großmutter am Herzen. Aus Erfahrung kann sie berichten, warum die Kleinen zum Spontanpinkeln neigen oder am liebsten quer im Bett schlafen.

Dr. Linda Josephine Voß

Als Fachärztin für Hals-Nasen-Ohrenheilkunde tätig in der Abteilung für Audiologie und Phoniatrie an der Charité Universitätsmedizin Berlin hat sich Linda Voß jahrelang intensiv mit der Wahrnehmung im Raum und dem Gleichgewichtssinn beschäftigt, unter anderem im Rahmen ihrer Promotion. Für dieses Buch erklärte sie uns den komplexen Aufbau des Vestibularapparates mit seinen Verschaltungen, wie er aufs Schaukeln und Autofahren reagiert und warum Kinder das Auf und Ab und das Hin und Her manchmal anders empfinden als wir Erwachsenen.

Prof. Dr. John-Dylan Haynes

Normalerweise versucht der Neurowissenschaftler der Berliner Charité, mithilfe von Hirnscannern die Gedanken seiner Probanden auszulesen. Für dieses Buch hat Haynes sich nun ganz praktisch mit dem Verhalten von Kindern auseinandergesetzt und auch von dem seiner beiden Söhne (5 und 8 Jahre) erzählt. Als Hirnforscher und Psychologe stellte er unter anderem Vermutungen darüber an, warum die Kleinen trödeln, alles fallen lassen oder von Verletzungen fasziniert sind. Haynes gab außerdem wertvolle Tipps: zum Beispiel wie die Kleinen sich nicht mehr darüber streiten, wer den Aufzug holen darf – nachzulesen im Kapitel »Warum drücken Kinder so gern Knöpfe?«.

Literaturverzeichnis

Warum lieben Kinder Kuscheltiere abgöttisch?

Interview Oskar Jenni

Goddard, Colleen: »More Than Just Teddy Bears« (www.psychologytoday.com, 14.7.2014, zuletzt abgerufen am 15.8.2019)

Holler, Andrea, Götz, Maya: »Nicht ohne meinen Teddy! Die Gefährten der Kindheit«. Eine Kooperationsstudie der Stiftung »Chancen für Kinder durch Spielen« und des Internationalen Zentralinstituts für das Jugend- und Bildungsfernsehen (https://www.br-online.de/jugend/izi/deutsch/forschung/fernsehen/Gefaehrtender Kindheit_IZI.pdf, 2011, zul. abger. am 15.8.2019)

Hood, Bruce M., Bloom, Paul: »Children prefer certain individuals over perfect duplicates« (Cognition, Jan 2008, 106(1): 455–462)

Krisch, Joshua A.: »The Science of Why Kids Love Teddy Bears and Stuffed Animals« (Fatherly.com, 15.2.2018, zul. abger. am 15.8.2019)

Morris, Steven: »Why children become so attached to toys and comfort blankets« (The Guardian, 9.3.2007)

Reinhardt, Nora: »Ein Anruf bei … Eva Busch, Kuscheltier-Expertin« (Süddeutsche Zeitung, 3.9.2018)

Winnicott, Donald W.: »Übergangsobjekte und Übergangsphänomene. Eine Studie über den ersten, nicht zum Selbst gehörenden Besitz« (Psyche – Zeitschrift für Psychoanalyse, Sept 1969, 23(9): 666–682)

Warum werfen Kinder Bauklotztürme um, immer und immer wieder?

Interview Gerald Hüther

Interview Oskar Jenni

Bäsig, Nadine: »Spielend lernen #33: Aufreihen, Stapeln, Turm bauen« (www.mibaby.de, 15.3.2015, zul. abger. am 9.8.2019)

Beins, Hans Jürgen: »Bauen und Konstruieren als lustvolles Lernen« (Kindergarten heute, Jan 2005, 1: 6–12)

Bonhoeffer, Jessica, Jenni, Oskar: »Das frühkindliche Spielverhalten – ein Spiegel der kognitiven Entwicklung« (Pädiatrie up2date 2018, 13(4): 303–321)

Eisenberg, Arlene et al.: What to expect, the Toddler years (New York, 1996)

Largo, Remo H.: Kinderjahre. Die Individualität des Kindes als erzieherische Herausforderung (München, 1999)

Warum haben Babys ganz plötzlich Angst vor Fremden?

Interview Oskar Jenni

Ainsworth, Mary: »The Strange Situation« (www.youtube.com, zul. abger. am 19.9.2019)

Bongertz, Stella: »Mama … wo bist du?« (Eltern Spezial, 1.10.2017)

Hasel, Verena Friederike: »Drum prüfe gut, wie früh es sich bindet«

(www.tagesspiegel.de, 29.9.2012, zul. abger. am 19.9.2019)
Michel, Kai: »Babys in Angst« (Die Weltwoche, 7.1.2010)
Renz-Polster, Herbert: Kinder verstehen. Born to be wild: Wie die Evolution unsere Kinder prägt (München, 2009)
Westhoff, Andrea: »Radiolexikon: Fremdeln« (www.deutschlandfunk.de, 4.9.2012, zul. abger. am 19.9.2019)

Warum wollen Kinder ständig gekitzelt werden?

Interview Margret Ziegler
Eberle, Ute: »Kille Kille« (www.wissen schaft.de, 1.2.2003, zul. abger. am 19.9.2019)
Glatt, Lotte: »Bitte aufhören!« (www.zeit.de, 3.10.2018, zul. abger. am 19.9.2019)
Harris, Christine R., Alvarado, Nancy: »Facial expressions, smile types, and self-report during humour, tickle, and pain« (Cognition and Emotion, Aug 2005, 19(5): 655–669)
Ishiyama, Shimpei, Brecht, Michael: »Neural correlates of ticklishness in the rat somatosensory cortex« (Science, Nov 2016, 354(6313): 757–760)
Krämer, Tanja: »Kille, kille« (ZEIT Wissen 1/2007)
Rohling, Hendrik: »Kitzeln – das Rätsel um den Witz unseres Körpers« (www.welt.de, 22.10.2015, zul. abger. am 19.9.2019)
»Sind Tiere kitzlig?« (P.M. Fragen & Antworten, Mai 2013, 5: 23)

Warum muss auf Matratzen immer erst einmal gehüpft werden?

Interview Oskar Jenni
Becker, Stefanie: »So wichtig ist Springen für die Motorik« (www.baby-und-familie.de, 23.6.2017, zul. abger. am 19.9.2019)

Warum haben Kinder Angst vor Monstern unter ihrem Bett?

Interview Oskar Jenni
»Angst vor Monstern: Je nach Alter sind unterschiedliche Bewältigungsstrategien vorteilhaft« (www.neurologen-und-psychiater-im-netz.org, 22.02.2012, zul. abger. am 2.9.2019)
Herfort, Gabriele: »Das Monster unter meinem Bett« (www.beobachter.ch, 14.7.2017, zul. abger. am 2.9.2019)
Himmer, Nina: »Zeig mir deine Monster« (Süddeutsche Zeitung, 8.9.2018)
Renz-Polster, Herbert: »Langzeitstillen – wo ist das Problem?« (www.kinder-verstehen.de, zul. abger. am 2.9.2019)
Sayfan, Liat, Lagattuta, Kristin Hansen: »Scaring the Monster Away: What Children Know About Managing Fears of Real and Imaginary Creatures« (Child Development, Nov/Dez 2009, 80(6): 1756–1774)
Yaqub, Reshma Memon: »Monsters under the bed: Understanding kid fears« (www.parents.com, zul. abger. am 2.9.2019)

Warum essen Kinder immer das Gleiche?

Interview Oskar Jenni
Interview Margret Ziegler
Birch, Leann L., Anzman-Frasca, Stephanie: »Promoting children's healthy eating in obesogenic environments: Lessons learned from the rat« (Physiology & Behavior, Sep 2011, 104(4): 641–645)
Burger, Jörg: »Eltern, hört endlich auf, von gesundem Essen zu reden!« (www.zeit.de, 20.4.2011, zul. abger. am 20.9.2019)
Carruth, Betty Ruth et al.: »Prevalence of picky eaters among infants and toddlers and their caregivers' decisions about offering a new food« (Journal of the Academy of Nutrition and Dietetics, Jan 2004, 104 (Suppl.1): 57–64)
Frey, Carina: » So führen Sie Ihr Kind aus der Nudelfalle« (www.welt.de, 2.1.2013, zul. abger. am 20.9.2019)
»Immer nur Nudeln ohne Sauce? Was das Essverhalten über den Charakter aussagt« (www.focus.de, 17.8.2018, zul. abger. am 20.9.2019)
Renz-Polster, Herbert: Kinder verstehen, Born to be wild: Wie die Evolution unsere Kinder prägt (München, 2009)

Warum machen Kinder einem alles nach?

Interview Oskar Jenni
Interview Margret Ziegler
Bandura, Albert, Walters, Richard H.: Social Learning and personality development (New York, 1963)
»Besonderheit des Menschen – Kinder imitieren ihre Eltern« (www.n-tv.de, 6.7.2010, zul. abger. am 20.9.2019)
Jiménez, Fanny: »Warum man oft die Spleens der Eltern übernimmt« (www.welt.de, 17.9.2014, zul. abger. am 20.9.2019)
Kalle, Matthias, Stelzer, Tanja: »Ich kämpfe täglich mit deutschen Müttern« (ZEIT Magazin, 25.2.2010)
Messerli-Bürgy, Nadine et al.: »The Swiss Preschoolers' Health Study (SPLASHY): Objectives and design of a prospective multi-site cohort study assessing psychological and physiological health in young children« (BMC Pediatrics, Juli 2016, 16(1): 85)
Nielsen, Mark, Tomaselli, Keyan: »Overimitation in Kalahari Bushman children and the origins of human cultural cognition« (Psychological Science, Mai 2010, 21(5): 729–736)

Warum sind Jungen so wild?

Interview Stevie Schmiedel
Interview Dirk Schnabel
Clearfield, Melissa W, Nelson, Naree M.: »Sex Differences in Mothers' Speech and Play Behavior with 6-, 9-, and 14-Month-Old Infants« (Sex Roles, Jan 2006, 54(1): 127–137)
»Der kleine Unterschied« (www.eltern.de, zul. abger. am 17.9.2019)
Eisenegger, Christoph: »Das verkannte Hormon« (www.spektrum.de, 8.8.2014, zul. abger. am 17.9.2019)
Frenkel, Xenia: »Große Mädchen – kleine Jungs« (Eltern Family, 1.2.2015)
Hasel, Verena Friederike: »›Die Socken, für Jungen oder für Mädchen?‹ – ›Für Füße!‹« (www.tagesspiegel.de, 22.8.2016, zul. abger. am 17.9.2019)
Johnson, Katharine et al.: »Gender Differences in Adult-Infant Communication in the First Months of Life« (Pediatrics, Dez 2014, 134(6):e1603–1610)
Mondschein, Emily R. et al.: »Gender Bias in Mothers' Expectations about Infant Crawling« (Journal of Experimental Child Psychology, Dez 2000, 77(4): 304–316)

Nassar, George N., Leslie, Stephen W.: »Physiology, Testosterone« (Treasure Island, FL: StatPearls Publishing; 2019 Jan, www.ncbi.nlm.nih.gov/books/NBK526128/, 27.10.2018, zul. abger. am 17.9.2019)

Sissons, Claire: »Typical testosterone levels in males and females« (www.medicalnewstoday.com, 17.9.2018, zul. abger. am 17.9.2019)

Warum schmeißen Kinder alles runter?

Interview Oskar Jenni

Elschenbroich, Donata: Weltwunder – Kinder als Naturforscher (München, 2005)

Fellmann, Max: »Da staunste, was?« (https://sz-magazin.sueddeutsche.de, 30.9.2010, zul. abger. am 20.9.2019)

Gopnik, Alison: Kleine Philosophen: Was wir von unseren Kindern über Liebe, Wahrheit und den Sinn des Lebens lernen können (Berlin, 2010)

Gopnik, Alison: »How Babies Think« (Scientific American, July 2010, 303(1): 76–81)

Saffran, Jenny R. et al.: »Statistical learning by 8-month-old infants« (Science, Dez 1996, 274(5294):1926–1928)

Saffran, Jenny R. et al.: »Statistical learning of tone sequences by human infants and adults« (Cognition, Feb 1999, 70(1): 27–52)

Weber, Sigrid: »Warum Babys ihr Besteck fallen lassen« (Der Tagesspiegel, 22.3.2006)

Warum steckt in kleinen Kindern so viel Wut?

Interview Stefanie Höhl

Interview Oskar Jenni

Imlau, Nora: »Du bist ein Wunder, Kind!« (Eltern 7/2018, www.eltern.de, zul. abger. am 20.9.2019)

Renz-Polster, Herbert: Kinder verstehen. Born to be wild: Wie die Evolution unsere Kinder prägt (München, 2009)

Warum sind Kinder so gut beim Memory?

Interview Stefanie Höhl

Harmsen, Torsten: »Warum Kinder beim Memory spitze sind« (www.fr.de, 8.5.2012, zul. abger. am 27.8.2019)

Ohio State University: »Children Can Have A Better Memory Than Adults (At Least Sometimes)« (www.sciencedaily.com, 22.7.2004, zul. abger. am 27.8.2019)

Warum lieben Kinder Reime?

Interview Gerald Hüther

Interview Margret Ziegler

Keller, Konstanze: »Warum lieben Menschen Reime« (leseweis.de, 1.2.2019, zul. abger. am 9.9.2019)

Rühmkorf, Peter: agar agar – zaurzaurim. Zur Naturgeschichte des Reims und der menschlichen Anklangsnerven (Reinbek bei Hamburg, 1981)

Sobeck, Beatrice: »So funktioniert das Sprechen lernen« (www.baby-und-familie.de, 8.1.2019, zul. abger. am 9.9.2019)

Ziegler, Wiebke: »Wie Kinder die Sprache erwerben« (www.planet-wissen.de, 6.9.2017, zul. abger. am 9.9.2019)

Warum spucken Kinder beim Autofahren?

Interview Linda Josephine Voß

Blakemore, Erin: »The queasy truth about why kids are so prone to vomiting« (www.npr.org, 10.9.2018, zul. abger. am 19.9.2019)

Frieler, Felix: »Alle Symptome einer Vergiftung« (www.spiegel.de, 15.7.2013, zul. abger. am 19.9.2019)

McGowan, Nadine: »Reiseübelkeit bei Kindern: Warum wird meinem Kind im Auto immer schlecht?« (www.praxisvita.de, 31.8.2018, zul. abger. am 19.9.2019)

Schmidt, Lucia: »Wie erkläre ich's meinem Kind? Warum manchen beim Autofahren schlecht wird« (www.faz.net, 13.7.2018, zul. abger. am 19.9.2019)

Töpfer, Carolina: »Erbrechen bei Kindern« (www.netdoktor.de, 19.11.2018, zul. abger. am 19.9.2019)

Warum schreien Babys immer zur gleichen Zeit am Abend?

Interview Oskar Jenni

Interview Luise Kaller

Jackson, Deborah: »The crying game« (www.theguardian.com, 8.6.2005, zul. abger. am 26.9.2019)

Jenni, Oskar »Säuglingsschreien und Schlaf-Wach-Regulation« (Monatsschrift Kinderheilkunde, Juni 2009, 157(6): 551–557)

Jenni, Oskar: »Jetlag nach der Geburt« (Deutsche Hebammen Zeitschrift, 2/2011)

»Mythos Dreimonatskoliken« (Eltern Special, 1.9.2011)

Neubauer, Katrin: »Schreibabys: Erste Hilfe bei Brüll-Attacken« (www.spiegel.de, 10.9.2013, zul. abger. am 26.9.2019)

Ong, Teck Guan et al.: »Probiotics to prevent infantile colic (Cochrane Database of Systematic Reviews 2019, 3, Art. No.: CD012473)

Pahler, Susanne: »Aua, Bauch!« (Eltern, 1.10.2018)

Renz-Polster, Herbert: Kinder verstehen. Born to be wild: Wie die Evolution unsere Kinder prägt (München, 2009)

Simmank, Jakob: »Das Gen, das uns das große Gehirn gab« (www.zeit.de, 31.5.2018, zul. abger. am 26.9.2019)

Warum sind Kinder von Verletzungen fasziniert?

Interview John-Dylan Haynes

Ahne, Verena: »Riskantes Spielen. Ein Recht auf Schrammen« (www.spektrum.de, 11.5.2012, zul. abger. am 12.9.2019)

Blaß, Simone: »Ein Indianer kennt keinen Schmerz – oder doch?« (www.t-online.de, 19.4.2011, zul. abger. am 12.9.2019)

Furedi, Frank: Die Elternparanoia. Warum Kinder mutige Eltern brauchen (Frankfurt am Main, 2002)

Tierney, John: »Can a Playground Be Too Safe?« (www.nytimes.com, 18.7.2011, zul. abger. am 12.9.2019)

Warum popeln Kinder ungehemmt?

Interview Stefanie Höhl

Jefferson, James W., Thompson, Trent D.: »Rhinotillexomania: psychiatric disorder or habit?« (The Journal of Clinical Psychiatry, Feb 1995, 56(2): 56–59)

Nikolin, Jana: »Warum popeln wir?« (www.n-tv.de, 8.5.2012, zul. abger. am 26.9.2019)

Schäfer, Marian: »Lasst Kinder popeln!« (www.baby-und-familie.de, 30.11.2018, zul. abger. am 26.9.2019)

Stremmel, Jan: »Bohrstopp« (www.jetzt.de, 3.11.2014, zul. abger. am 26.9.2019)

»Was ist Rhinotillexomanie?« (P.M. Fragen & Antworten, Jan 2014, 1: 39)

Warum sind Geschwister meist so verschieden?

Interview Stefanie Höhl

Born Together – Reared Apart: The Landmark Minnesota Twins Study (Cambridge: Harvard, 2012)

»Geschwister: Wie verwandt sind sie?« (www.focus.de, 25.6.2001, zul. abger. am 24.9.2019)

Holthoff-Stenger, Monika: »Geschwister: Geliebte Rivalen« (www.focus.de, 13.1.2011, zul. abger. am 24.9.2019)

Jensen, Alex, McHale, Susan M: »What makes siblings from the same family so different? Parents« (theconversation.com, 6.7.2015, zul. abger. am 24.9.2019)
Jiménez, Fanny: »Rolle fürs Leben« (Welt am Sonntag, 24.12.2017)
Kindel, Constanze: »SO ähnlich, SO anders« (Geo kompakt, 1.6.2016)
Plomin, Robert, Daniels, Denise: »Why are children in the same family so different from one another« (International Journal of Epidemiology, June 2011, 40(3): 563–582)
Spiegel, Alix: »Siblings Share Genes, But Rarely Personalities« (www.npr.org, 22.11.2010, zul. abger. am 24.9.2019)

Warum haben Mädchen die rosa Phase?

Interview Oskar Jenni
Interview Stevie Schmiedel
Berndt, Christina: »Typisch Mädchen, typisch Junge« (www.sueddeutsche.de, 26.4.2012, zul. abger. am 16.9.2019)
»Der pinke Wahnsinn und seine Folgen« (https://magazin.sofatutor.com, zul. abger. am 16.9.2019)

Warum lieben alle Jungs Bob den Baumeister?

Interview Oskar Jenni
Interview Stevie Schmiedel
Becker, Tobias et al.: »Was ist weiblich, was ist männlich?« (Der Spiegel, 2/2018, www.spiegel.de, 11.1.2018, zul. abger. am 19.9.2019)
»Bye Bye Bob« (www.deutsche-handwerks-zeitung.de, 12.12.2017, zul. abger. am 19.9.2019)
»Der weite Weg aus der rosa-blauen Kinderwelt« (Werben & Verkaufen, 11.10.2017)
Dittrich, Monika: »Getrennte Spielwelten« (www.deutschlandfunk.de, 30.1.2018, zul. abger. am 19.9.2019)
Hasel, Verena Friederike: »›Die Socken, für Jungen oder für Mädchen?‹ – ›Für Füße!‹« (www.tagesspiegel.de, 22.8.2016, zul. abger. am 19.9.2019)
Herrmann, Sebastian: »Meine Puppe, dein Auto« (www.sueddeutsche.de, 18.12.2017, zul. abger. am 19.9.2019)
Schiek, Helen: »Warum Jungs Ritter und Mädchen Prinzessin spielen« (www.welt.de, 14.12.2016, zul. abger. am 19.9.2019)
Todd, Brenda K. et al.: »Sex differences in children's toy preferences: A systematic review, meta-regression, and meta-analysis« (Infant and Child Development, March/April 2018, 27(2): e2064)

Warum sind Kinder so versessen auf Süßigkeiten?

Interview Stefanie Höhl
»Keine Kekse zwischendurch: Kinder nicht mit Süßigkeiten belohnen« (dpa, bke, www.kinderaerzte-im-netz.de, 13.7.2011, zul. abger. am 13.9.2019)
Shafy, Samiha: »Die süße Droge« (Der Spiegel, 3.9.2012)
»Süß ist Programm« (www.3sat.de, 18.5.2017, zul. abger. am 16.9.2019)
»Wie viel dürfen Kinder naschen?« (www.t-online.de,19.3.2016, zul. abger. am 16.9.2019)

Warum können kleine Kinder keine Geheimnisse für sich behalten?

Interview John Dylan-Haynes
Interview Stefanie Höhl
Evans, Angela D., Lee, Kang: »Emergence of Lying in Very Young Children« (Developmental Psychologie, Okt. 2013, 49(10):1958–1963)
»Studie: Schon Zweijährige können lügen« (https://sciencev2.orf.at, 25.2.2013, zul. abgerufen am 2.9.2019)
Talwar, Victoria, Lee, Kang: »Social and Cognitive Correlates of Children's

Lying Behavior« (Child Development, July/Aug 2008, 79(4): 866–881)
»Wenn Kinder peinliche Geheimnisse der Eltern ausplaudern« (www.t-online.de, 27.9.2016, zul. abger. am 2.9.2019)
Wimmer, Heinz, Perner, Josef: »Beliefs about beliefs: Representation and constraining function of wrong beliefs in young children's understanding of deception« (Cognition, Jan 1983, 13(1): 103–128)

Warum haben Kinder ständig Langeweile?

Interview Stefanie Höhl
Kaplan, Matt: »Why great ideas come when you aren't trying« (www.nature.com, 12.5.2012, zul. abger. am 2.9.2019)
Neudecker, Michael: »Laaaaangweilig« (www.sueddeutsche.de, 27.9.2015, zul. abger. am 2.9.2019)
Nietzsche, Friedrich: Die fröhliche Wissenschaft, Erstes Buch, 42 »Arbeit und Langeweile« (in: ders.: Werke in drei Bänden, München, 1954)
Struck, Peter: Das Erziehungsbuch (Darmstadt, 2005)
Stucke, Julius: »Langeweile. Die kleinste Schwester des Todes« (www.deutschlandfunkkultur.de, 9.7.2018, zul. abger. am 2.9.2019)
vom Hofe, Oliver: »Mir ist laaaaaaangweilig!« (Nido, 1.6.2018)

Warum drücken Kinder so gern Knöpfe?

Interview John-Dylan Haynes
Interview Oskar Jenni
Bonhoeffer, Jessica, Jenni, Oskar: »Das frühkindliche Spielverhalten – ein Spiegel der kognitiven Entwicklung« (Pädiatrie up2date 2018, 13(4): 303–321)

Warum trödeln Kinder immer so?

Interview Stefanie Höhl
Interview Gerald Hüther
Interview Oskar Jenni
Lee, Katherine: »Effective Ways to Handle Dawdling in Kids« (www.verywellfamily.com, 2.10.2018, zul. abger. am 10.9.2019)
Seide, Katja: »Mein Kind trödelt und bummelt ständig und ist oft langsam« (www.gewuenschtestes-wunschkind.de, zul. abger. am 10.9.2019)
»Ständiges Antreiben macht Kinder nicht schneller« (www.fr.de, 1.12.2017, zul. abger. am 10.9.2019)

Warum schlafen Kinder so schlecht ein und dann nicht durch?

Interview Margret Ziegler
Bäumer, Andreas: »Kuscheln oder alleine schlafen? – Irrtümer zum Babyschlaf« (www.derwesten.de, 20.7.2017, zul. abger. am 16.9.2019)
»Das wichtigste zum Schlaf im ersten Lebensjahr« (BZgA, www.kindergesundheit-info.de, CC BY-NC-ND, zul. abger. am 16.9.2019)
Renz-Polster, Herbert: Kinder verstehen. Born to be wild: Wie die Evolution unsere Kinder prägt (München, 2009)
von Hardenberg, Nina: »Das große Gähnen« (Süddeutsche Zeitung, 27.2.2019)

Warum quälen Kinder Tiere?

Interview Stefanie Höhl
Knobbe, Martin: »Ein Hund ist ein Schleimer« (Stern, 1.3.2010)
Wilbrand-Donzelli, Nicola: »Wenn Kinder Tiere quälen – so sollten Eltern reagieren« (www.t-online.de, 23.2.2016, zul. abger. am 12.9.2019)

Warum verkleiden Kinder sich ständig?

Interview Oskar Jenni

Bonhoeffer, Jessica, Jenni, Oskar: »Das frühkindliche Spielverhalten – ein Spiegel der kognitiven Entwicklung« (Pädiatrie up2date 2018, 13(4): 303–321)

Cadeggianini, Georg: »Warum verkleiden uns zu besseren Menschen macht« (www.sueddeutsche.de, 24.2.2019, zul. abger. am 9.9.2019)

Leidlmayr, Andrea, Strableg, Christine: »Warum sich Kinder nicht nur im Fasching gern verkleiden« (www.derstandard.at, 29.1.2016, zul. abger. am 9.9.2019)

White, Rachel E. et al.: »The ›Batman Effect‹: Improving Perseverance in Young Children« (Child Development, September 2017, 88(5):1563–1571)

Young, Sarah: »Batman Effect: Playing Make Believe Could Help Boost Your Child's Productivity, Finds Study« (www.independent.co.uk, 15.12.2017, zul. abger. am 9.9.2019)

Warum schaukeln Kinder so gern und unermüdlich?

Interview Oskar Jenni

Interview Linda Josephine Voß

Norquist, Tom: »So, what's the big deal about swinging?" (www.playground professionals.com, 30.9.2014, zul. abger. am 19.9.2019)

Schöne, Lajos: »Schaukeln ist Magie und Medizin« (www.welt.de, 25.1.2012, zul. abger. am 19.9.2019)

»Warum wird Kindern beim Schaukeln nicht speiübel« (www.spiegel.de, 28.5.2007, zul. abger. am 19.9.2019)

Watson, Nancy M. et al.: »Rocking chair therapy for dementia patients: Its effect on psychosocial well-being and balance« (American Journal of Alzheimer's Disease, Nov 1998, 13(6): 296–308)

Warum heißt es irgendwann Jungs gegen Mädchen?

Interview Stevie Schmiedel

Breuer, Ingeborg: »Wie Vorurteile unser Denken bestimmen« (www.deutsch landfunk.de, 17.11.2016, zul. abger. am 17.9.2019)

Bigler, Rebecca S. et al.: »The Politics of Race and Gender: Children's Perceptions of Discrimination and the U.S. Presidency« (Analyses of Social Issues and Public Policy, Nov 2008, 8(1): 83–112)

Dwyer, Dustin: What you can learn about prejudice by putting kids in different colored shirts« (stateofopportunity. michiganradio.org, 3.4.2013, zul. abger. am 17.9.2019)

Frenkel, Xenia: »Große Mädchen – kleine Jungs« (Eltern Family, 1.2.2015)

Hasel, Verena Friederike: »›Die Socken, für Jungen oder für Mädchen?‹ – ›Für Füße!‹« (www.tagesspiegel.de, 22.8.2016, zul. abger. am 17.9.2019)

Schipp, Anke: »Nie mehr Prinzessin?« (Frankfurter Allgemeine Sonntagszeitung, 28.1.2018)

Schnerring, Almut: Die Rosa-Hellblau-Falle. Für eine Kindheit ohne Rollenklischees (München, 2014)

Warum schlafen Kinder quer im Bett?

Interview Luise Kaller

Sears, William: Schlafen und wachen (La Leche League Schweiz, 2014)

Warum fragen Kinder so viel nach dem Tod?

Grose, Jessica: »Why Do 4-Year-Olds Love Talking About Death?« (www.nytimes.com, 16.4.2019, zul. abger. am 3.9.2019)

Hughes, Virginia: »When do kids understand death?« (www.nationalgeographic.com, 26.7.2013, zul. abger. am 3.9.2019)

Slaughter, Virginia: »Young children's understanding of death« (Australian Psychologist, Nov 2005, 40(3): 179–186)

Wieland, Andrea: »Die Sicht der Kinder auf den Tod« (www.planet-wissen.de, zul. abger. am 3.9.2019)

Winkler, Sandra: »Etwas Grusel schadet Kindern nicht – oder?« (www.welt.de, 29.1.2014, zul. abger. am 3.9.2019)

Warum sammeln Kinder alles?

Duncker, Ludwig et al.: Wenn Kinder sammeln: Begegnungen in der Welt der Dinge (Hannover, 2014)

Gill, Nita: »What kids learn from collecting« (www.babycenter.com, 24.4.2019, zul. abger. am 3.9.2019)

Hartmann, Isabelle: »Warum Kinder alles sammeln« (www.br.de, 9.10.2018, zul. abger. am 3.9.2019)

Helmers, Eva: »Sammeln als ästhetisches Verhalten. Eine empirische Studie« (Examensarbeit, www.grin.com, 2005, zul. abger. am 3.9.2019)

»Kuscheln ist ein elementares Bedürfnis« (www.morgenpost.de, 8.12.2011, zul. abger. am 3.9.2019)

Menzel Baker, Stacey, Gentry, James W.: »Kids As Collectors: a Phenomenological Study of First and Fifth Graders« (in Corfman, Kim P., Lynch, John G. Jr (Hg.): NA – Advances in Consumer Research, 1996, 23: 132–137)

Nan Anderson, Patricia: »Why kids love to collect stuff« (www.advantage 4parents.com, 2012, zul. abger. am 3.9.2019)

Schaaf, Julia: »Kiste für Kiste ein Schatz« (www.faz.net, 28.11.2015, zul. abger. am 3.9.2019)

Warum streiten Geschwister sich andauernd?

Garcia, Monica M. et al.: »Destructive sibling conflict and the development of conduct problems in young boys« (Developmental Psychology, Jan 2000, 36(1): 44–53)

Kluger, Jeffrey: »The New Science of Siblings« (Time, 10.7.2006, zul. abger. am 24.9.2019)

Lehmann, Ischta: »Zoff macht fit fürs Leben« (www.focus.de, zul. abger. am 24.9.2019)

Schmidt, Nicola: Geschwister als Team (München, 2018)

Shebloski, Barbara, Conger, Katherine J., Widaman, Keith F.: »Reciprocal links among differential parenting, perceived partiality, and self-worth: a three-wave longitudinal study« (Journal of Family Psychology, Dez 2005, 19(4), 633–642)

Vulliamy, Elsa: »Most Parents have a favourite child« (www.independent.co.uk, 11.4.2016, zul. abger. am 24.9.2019)

Warum pinkeln Babys immer auf den Wickeltisch?

Interview Luise Kaller

»Die Urinausscheidung beim Neugeborenen« (www.babyartikel.de, 5.6.2018, zul. abger. am 2.9.2019)

Elfmann, Peggy: »Sauberwerden: Weg mit der Windel!« (www.baby-und-familie.de, 8.9.2014, zul. abger. am 2.9.2019)

Hohmann, Christina: »Kein Grund zu übereilten Eingriffen« (www.pharmazeutische-zeitung.de, 15.3.2007, zul. abger. am 2.9.2019)

Warum können kleine Kinder nicht teilen?

Interview Stefanie Höhl

»Fehlende Impulskontrolle hindert Kinder am fairen Teilen« (https://www.mpg.de/forschung/impulskontrolle-kinder-teilen, 7.3.2012, zul. abger. am 23.9.2019)

Schmidt, Marco F. H., Sommerville, Jessica A.: »Fairness Expectations and Altruistic Sharing in 15-Month-Old Human Infants« (PLoS One, Okt 2011, 6(10): e23223)

Smith, Craig E. et al.: »I Should but I Won't: Why Young Children Endorse Norms of Fair Sharing but Do Not Follow Them« (PLoS One, März 2013, 8(3):e59510)

Steinbeis, Nikolaus: »Die Reifung des sozialen Gehirns« (Forschungsbericht 2013 – Max-Planck-Institut für Kognitions- und Neurowissenschaften, 2013, zul. abger. am 23.9.2019)

Steinbeis, Nikolaus et al.: »Impulse Control and Underlying Functions of the left DLPFC Mediate Age-related and Age-independent Individual Differences in Strategic Social Behaviour.« (Neuron, März 2012, 73(5): 1040–1051)

Warum verstecken Kinder sich so gern – und sind trotzdem so verdammt schlecht darin?

Interview Oskar Jenni

Drösser, Christoph: »Ich sehe nichts, was du nicht siehst« (www.zeit.de, 8.11.2012, zul. abger. am 9.8.2019)

Russell, James et al.: »Why Do Young Children Hide by Closing Their Eyes? Self-Visibility and the Developing Concept of Self« (Journal of Cognition and Development Nov 2012, 13(4): 550–576)

Schindler, Uta: »Wieso verstecken sich kleine Kinder hinter ihrer Hand?« (www.spektrum.de, 16.10.2017, zul. abger. am 9.8.2019)

Schulters, Julia: »Warum Kinder Versteckspiele lieben« (www.baby-und-familie.de, 23.2.2018, zul. abger. am 9.8.2019)

Warum pflücken Kinder Blumen?

Interview Stefanie Höhl

Warum machen Kinder so oft nicht das, was man ihnen sagt?

Interview Oskar Jenni

Chatham, Christopher H. et al.: »Pupillometric and behavioral markers of a developmental shift in the temporal dynamics of cognitive control« (Proceedings of the National Academy of the United States of America, April 2009, 106(14): 5529–5533)

Reischer, Erica: »How to get your kids to listen the first time« (www.psychologytoday.com, 17.11.2014, zul. abger. am 26.9.2019)

»Warum Kinder tun, was sie wollen« (www.spiegel.de, 26.3.2009, zul. abger. am 26.9.2019)

Dank an

Heike Faller für die tolle Idee zu diesem Buch.

Isabel Klett für die wundervollen Illustrationen.

Dr. Dirk Schnabel, Kinderendokrinologe, Sozialpädiatrisches Zentrum der Charité Universitätsmedizin Berlin für die Aufklärung eines weitverbreiteten Testosteron-Missverständnisses.

Prof. Dr. Gerald Hüther für ein interessantes Gespräch.

Verena Friederike Hasel für ihren fachmännischen, lieben, unermüdlichen Beistand.

Peter Wahle dafür, dass er immer alles weiß.

Stefan Ulrich Meyer und Barbara Wenner dafür, dass dieses Buch erscheinen konnte.

Dr. Angelika Winnen für all die schlauen Hinweise und Korrekturen.

Markus Albers fürs Erstlesen der Kapitel, fürs Helfen und Beruhigen. Du bist immer da, wenn ich dich brauche.

Milla und Enni dafür, dass sie die tollsten Studienobjekte sind, die man sich wünschen kann. Ich liebe euch, ihr lustigen, kleinen Wesen. Nichts ist schöner, als euch dabei zuzusehen, wie ihr groß werdet.